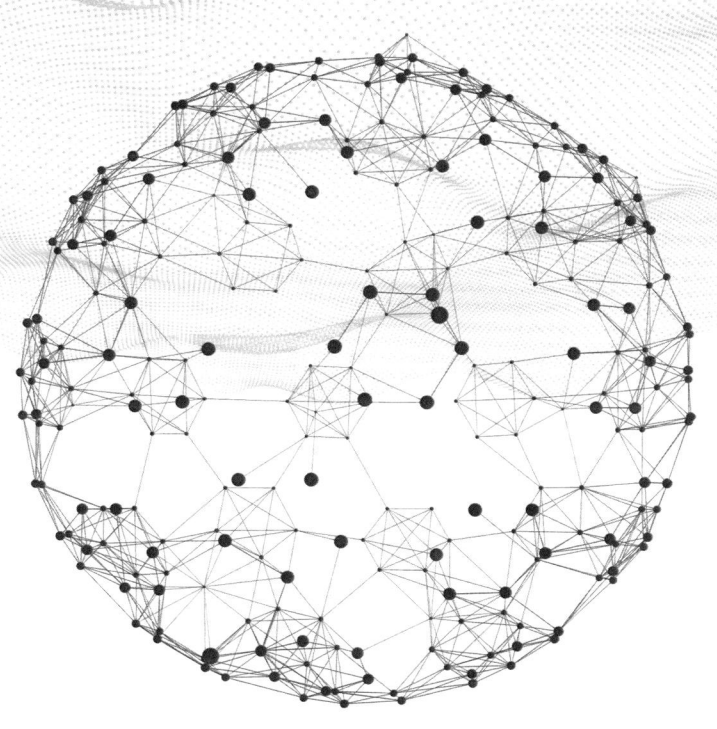

数字时代的就业变革

马晔风 ◎ 著

EMPLOYMENT
TRANSFORMATION
IN THE DIGITAL AGE

中国社会科学出版社

图书在版编目（CIP）数据

数字时代的就业变革 / 马晔风著. -- 北京：中国社会科学出版社，2025.5. -- ISBN 978-7-5227-5163-4

Ⅰ. D669.2-39

中国国家版本馆 CIP 数据核字第 20254T7M62 号

出 版 人	季为民
责任编辑	黄　晗
责任校对	罗婉珑
责任印制	张雪娇

出　　版	中国社会科学出版社
社　　址	北京鼓楼西大街甲 158 号
邮　　编	100720
网　　址	http：//www.csspw.cn
发 行 部	010-84083685
门 市 部	010-84029450
经　　销	新华书店及其他书店

印　　刷	北京明恒达印务有限公司
装　　订	廊坊市广阳区广增装订厂
版　　次	2025 年 5 月第 1 版
印　　次	2025 年 5 月第 1 次印刷

开　　本	710×1000　1/16
印　　张	12
字　　数	156 千字
定　　价	78.00 元

凡购买中国社会科学出版社图书，如有质量问题请与本社营销中心联系调换
电话：010-84083683
版权所有　侵权必究

前　言

21世纪以来，数字技术的迅猛发展以前所未有的速度重塑着世界的经济形态与社会结构。特别是以人工智能、云计算、大数据、物联网为代表的新一代信息通信技术，正在快速推动世界新一轮科技革命和产业变革，并深刻地影响着人类的生产方式、组织方式和管理方式。而作为社会经济运行的基本单元，劳动与就业领域也正处于一场深刻的转型之中。回望工业革命时期的就业变革，我们曾见证了从农业社会到工业社会、从手工业到大机器生产，再到信息化驱动的服务业崛起，每一次技术革命都伴随就业结构的剧烈变动与劳动关系的重构。而当下，我们正处在又一次"生产力跃迁"的关键时点，数字经济正在成为引领全球增长的新引擎，平台经济、线上办公、零工经济、共享员工等新业态如雨后春笋般涌现，工业革命时期建立起来的"标准就业"体系受到剧烈冲击。

新一轮劳动力市场和就业变革已经深刻地嵌入我们生活的方方面面。例如，越来越多的企业采用远程协作和数字化管理工具，人力资源的招聘、培训、绩效考核借助算法实现自动化决策；朝九晚五的传统白领岗位不再是年轻人的首选，越来越多的人涌入内容创作、网络主播、在线客服、短视频剪辑等新职业；网约车司机、外卖骑手、快递员等零工就业在全世界受到欢迎，成为劳动力市场的重要组成部分。这一转变并非偶然，而是在经济全球化与技术升级的双重驱动下发生的结构性变化。全球化带来了产业链的重组与劳动力市场的流动性增强，而技术进步则赋予了就业以更加灵活、去中心化的特征。从工作的形式、内容、组织方式，乃至工作场所都在发生深刻改变，这将对劳动者的职业定位和技能结构带来持续、深远的影响。在这样的大背景下，就业形式的转型不再是学术领域的"前沿话题"，而是全社会普遍面临的现实问题。无论是国家层面的经济发展战略，还是普通劳动者的职业选择，数字技术驱动下的就业变革已深刻影响着每一个个体、每一个行业和每一项政策的制定。

  本书基于近年来在劳动就业、数字经济与行业数字化转型领域的研究积累，系统梳理了数字技术广泛渗透背景下对劳动力市场所产生的主要影响，并结合中外实践与比较视角，探讨全球劳动力结构调整与就业关系演化的趋势。本书以数字化转型初期劳动力市场对数字人才需求激增为观察起点，讨论了数字人才在全球的发展情况，以及数字人才的发展如何塑造国家的数字技能竞争力。数字人才的供需不仅关系到劳动力市场的再结构化，更深刻地塑造了一个国家在全球数字化竞争中的相对优势，已逐渐成为"软实力"的核心维度之一。随后，本书将分析视角进一步延伸至近年来迅速发展的零工经济与新就业形态，系统梳理了中国新就业形态的兴起历程、发展规模和结构特征。在数字平台、移动互联网与灵活用工机制共同作用下，越来越多的劳动者进入到外卖配送、网约车、在线服务等多样化的零工领域。本书对中国新就业形态的就业规模进行初步估算，并讨论其灵活性背后的就业不稳定性、权利保障缺失与职业发展受限等结构性问题，提出有待制度创新和政策响应的关键议题。在自动化与零工经济双重冲击的大背景下，本书进一步探讨了制造业数字化转型对就业结构的深远影响。作为中国传统就业结构中的支柱性产业，制造业所承载的人力资本积累与就业稳定功能正遭遇新的挑战，尤其在中低端岗位向平台经济外溢的同时，产业升级对高技能人才的迫切需求亦在加剧就业分化。

在最后部分，本书着重讨论了人工智能技术发展对就业的影响、结合实际数据和案例梳理了人工智能技术对中国就业生态和就业需求的影响，并进一步分析了生成式人工智能（Generative AI）技术带来的新变革。2022年底以来，生成式人工智能的兴起迅速成为推动就业范式深刻变革的新变量。自美国 OpenAI 公司推出全球首个基于大语言模型的"爆款"产品 ChatGPT 以来，类似的大语言模型在文本生成、图像创作、程序编写、语音识别等方面的能力突飞猛进，标志着人工智能从"感知智能"迈入"认知智能"的新阶段。不同于传统自动化侧重于体力劳动的替代，生成式 AI 已对大量认知型、创造性、专业型职业形成了冲击，涉及内容创作、客户服务、市场推广、软件编程、翻译、法律等专业领域。这一趋势不仅可能带来岗位结构的巨大变化，也将改变"人"与"工具"的关系。越来越多的知识型劳动者，开始在日常工作中将 AI 作为"协同伙伴"，从撰写文案、分析数据、制作演示文稿到参与产品设计与代码开发。可以预见，未来的数字劳动者不仅要具备基本的数字素养，还需具备与 AI"共创"的能力。然而，生成式 AI 对就业的影响也呈现高度的不确定性和两极分化。一方面，它显著提高了劳动生产率，有潜力创造更多新的技术性岗位。另一方面，它也引发了关于岗位压缩、技能冗余和"白领失业"的焦虑，尤其是对于中等技能岗位群体而言，面临前所未有的职业危机。对于大多数国家而言，尤其是那些数字经济发展走在前列的国家，如何在拥抱技术变革所带来的机遇的同时，有效应对其伴随而来的结构性风险，已成为一道必须正面回应的战略性课题。

总体来看，在这场席卷全球的数字化浪潮中，就业市场正经历深刻而复杂的重构。一方面，数字经济催生了大量新岗位与新就业形态，为青年群体、技术人才以及弱势群体提供了多样化的就业选择，极大地拓展了传统就业的边界与空间。另一方面，就业结构中的诸多挑战也日益凸显，零工就业的高度不稳定性、劳动者技能发展滞后于技术演进的步伐、就业保障制度的相对滞后，以及生成式人工智能对特定职业的潜在冲击，使得数字时代的就业问题呈现前所未有的复杂性与紧迫性。这不仅是技术层面的问题，更是制度设计、社会治理与人力资源管理能力的系统性考验。

  本书的写作目的，正是在这个急剧变革的历史时点上，系统梳理和探讨"数字时代的就业变革"这一重要议题。我们既要看到数字技术所带来的结构性红利，也要正视其对传统劳动关系、就业公平与社会保障体系所构成的挑战。劳动力市场正在发生的一系列变革，凸显出数字时代对劳动者"适应性"的高度要求。这种"适应性"不仅仅是个体素质的体现，更需通过教育体系、培训机制、社会保障制度与企业用工方式的共同协同加以塑造和支撑。希望通过本书的研究与思考，能够为政策制定者、企业管理者、学术研究者以及普通劳动者，提供一些有价值的启发与参考。

目 录

第一章 数字经济时代的劳动力市场 …………………………（1）
  第一节 全球数字经济发展态势 …………………………（1）
  第二节 数字技术对劳动力市场的影响 …………………（8）
  第三节 全球劳动力市场的变革趋势 ……………………（14）

第二章 全球数字人才的发展态势 ……………………………（22）
  第一节 数字人才的概念和范畴 …………………………（22）
  第二节 数字人才规模的测算思路 ………………………（24）
  第三节 全球数字人才发展情况 …………………………（27）

第三章 中国数字人才的发展态势 ……………………………（34）
  第一节 中国数字人才供需状况及分布结构 ……………（34）
  第二节 数字人才供需状况的主要特征和问题 …………（43）
  第三节 数字人才供需失衡的影响与应对建议 …………（46）

第四章 数字技能与国际竞争力比较 …………………………（50）
  第一节 数字技能的概念和内涵 …………………………（50）
  第二节 数字技能发展与技能竞争力 ……………………（52）
  第三节 全球数字技能竞争力比较 ………………………（54）

第四节　关于加强数字技能培养的建议 …………………（69）

第五章　中国新就业形态的崛起 ……………………………（73）
第一节　新就业形态的概念和内涵 ………………………（73）
第二节　新就业形态的发展态势 …………………………（75）
第三节　中国新就业形态的规模测算 ……………………（77）

第六章　新就业形态的发展特征与存在问题 ………………（91）
第一节　新就业形态的发展特征 …………………………（91）
第二节　新就业形态发展存在的问题 ……………………（98）

第七章　数字技术应用对制造业就业的影响………………（105）
第一节　第四次工业革命与制造业数字化转型…………（105）
第二节　机器人对劳动力市场的影响……………………（109）
第三节　制造业人力资本积累面临的危机与应对建议……（115）

第八章　人工智能时代的劳动力市场变革…………………（121）
第一节　人工智能技术对就业的影响机制………………（121）
第二节　人工智能对中国就业生态的影响………………（123）
第三节　人工智能对就业需求的影响……………………（125）

第九章　生成式人工智能技术的发展与变革………………（129）
第一节　生成式人工智能技术的兴起……………………（129）
第二节　生成式 AI 技术对专业型工作的影响 …………（134）
第三节　生成式 AI 技术对软件开发工作的影响与
　　　　制约因素……………………………………（141）
第四节　生成式 AI 技术对软件开发工作的影响机制 ……（149）

第十章 劳动力市场的未来和展望 …………………………（162）
 第一节 劳动力市场的未来和面临的挑战 ……………………（162）
 第二节 关于完善人才培养和就业保障的政策建议 …………（167）

主要参考文献 ………………………………………………………（174）

后 记 …………………………………………………………………（181）

第一章

数字经济时代的劳动力市场

第一节 全球数字经济发展态势

数字技术是 21 世纪变革的根本动力，它正在重塑全球经济、社会和政府的运行方式。特别是在新冠疫情之后，许多国家意识到数字化转型可以帮助企业和组织更好地抵御危机及其引发的市场崩溃。企业、政府等不同部门都更加积极地拥抱数字化转型浪潮，这对促进经济增长、提高效率和透明度以及应对全球挑战等问题产生了重要影响。我们看到，近二十年来全球数字经济以惊人的速度蓬勃发展，随着互联网的普及和数字技术的不断进步，数字化已经渗透到各个行业和领域。数字经济在世界经济体量中的占比越来越高，世界银行对全球数字经济的跟踪研究[1]显示，2020 年数字经济规模相当于全球 GDP 的 15.5%，在过去 15 年里，其增长速度是全球 GDP 的 2.5 倍。根据世界银行的统计[2]，2020 年全球 GDP 总量达到 85.8 万亿美元，以此推算 2020 年数字经济规模已经达到 13.3 万亿美元。国际数据公

---

[1] World Bank, "Digital Development Overview (2022)", https://www.worldbank.org/en/topic/digitaldevelopment/overview.

[2] 数据来源于 Word Bank National Accounts Data, 参见 https://data.worldbank.org/indicator/NY.GDP.MKTP.CD。

司（IDC）的一项预测研究①显示，2026年全球在数字化转型上的支出将达到3.4万亿美元，五年复合年增长率为16.3%。

随着数字技术的加速创新和深度融合，网络、数据、计算、平台等数字经济发展所需的关键要素，逐渐成为整个经济社会体系的基础设施。这些加速的转型在重塑全球劳动力市场，改变现有劳动力市场格局的同时，也在塑造未来的就业和技能需求，为全球经济发展带来新的机遇和挑战。

一 数字基础设施的发展

（一）通信基础设施

在通信网络建设方面，移动互联网是近年来的主要发展趋势。根据国际电信联盟（ITU）公布的数据②，2021年世界平均3G（及更高代技术）移动网络人口覆盖率达到95%，发达国家为98.6%，发展中国家为94.3%，最不发达国家也达到83.2%。与十年前相比，移动网络人口覆盖率实现显著提升，互联网用户规模也呈现快速增长趋势。截至2021年11月，全球互联网用户达到49亿，大约占全球总人口的63%，2019年以来上升了近17%，增速极其惊人。③ 2020年以来，新冠疫情在全球的传播进一步加速了数字技术的渗透和数字经济规模的增长，疫情本身及防控措施带来的出行减少、社会隔离等情况促使越来越多的活动在网上进行。数据显示，2020年全球互联网宽带使用量增加了35%，这是2013年以来增长幅度最大的一年，作为对比，2019年

---

① IDC, "Worldwide Digital Transformation Spending Guide, 2022", https://www.idc.com/getdoc.jsp?containerId=prUS49797222.

② 数据来源于国际电信联盟统计数据库（ITU Statistics database），参见www.itu.int/en/ITU-D/Statistics/Pages/stat/default.aspx。

③ International Telecommunication Union, *Measuring Digital Development: Facts and Figures 2021*, 2021.

这一数字是 26%①。

中国 3G/4G 移动网络人口覆盖率在 99% 以上，基本实现了全覆盖，而且在 5G 网络建设和技术开发方面处于世界领先地位。根据工信部发布的《2020 年通信业统计公报》②，截至 2020 年年底，中国已开通 5G 基站超过 71.8 万座，建成全球最大的 5G 通信网络，实现 5G 网络对所有地级以上城市的全覆盖。但从互联网使用来看，2021 年世界平均互联网渗透率（网民在人口中的占比）为 62.5%，中国互联网渗透率为 73%，而发达国家在 90% 以上（其中美国为 92%），中国的互联网渗透率与发达国家相比仍有一定差距。

（二）数据基础设施

数据是新一代信息技术大规模商业化应用的产物，随着个人、企业和政府越来越多地使用数据来创造基于互联网的新服务，围绕数据流通和价值挖掘形成了新的经济和业态，并逐渐形成数据价值链。强大的数字基础设施和核心数字技术能力是打造数据价值链的关键。数据价值链的核心内容主要有四个方面：数据收集、数据传输（流动）、数据存储和数据的分析、处理与使用。企业通过提供数据产品和服务向用户收集数据，当前数据价值链的主导者主要是大型数字平台企业，这类平台聚集了大量的用户，在数据收集和价值挖掘上具有显著的规模优势。数据的传输和存储依赖于通信网络、海底光缆、卫星、数据中心等数字基础设施，本国的数据传输主要依靠通信网络，而跨国数据传输主要依靠海底光缆。国际电信联盟绘制的全球通信网络连接地图显示③，海底电缆网络密度最高的是北部跨大西洋路线和跨太平洋路线，即美国和欧洲之间以及美

---

① TeleGeography, "The State of the Network: 2021 Edition", https://www2.telegeography.com/hubfs/assets/Ebooks/state-of-the-network-2021.pdf.
② 工业和信息化部：《2020 年通信业统计公报》, http://www.gov.cn/xinwen/2021-01/26/content_5582523.htm。
③ 参见国际电信联盟（ITU）通信网络地图网站（https://bbmaps.itu.int/bbmaps/）。

国和亚洲之间的线路。2000年以前，海底光缆基本都是运营商投资建设，近十年来，随着超大型互联网平台数据传输需求的激增，以谷歌、亚马逊、微软、脸书为代表的美国互联网巨头积极投入海底光缆建设，并逐渐成为海底光缆的主要建设主体。相比之下，中国拥有的海底光缆数量非常有限，且中国的大型互联网平台很少参与海底光缆的建设中。

在数据中心建设方面，联合国贸易与发展会议2021年发布的报告显示[1]，大约80%的联合定位数据中心（Co-location data center）集中在北美和欧洲的发达国家，其中美国占38%，欧洲占29%，中国占3%；在超大规模数据中心建设方面，美国约占总数的39%，中国占10%，日本占6%。虽然欧洲在联合定位数据中心方面占有较高的份额，但是数据价值挖掘的能力落后于美国和中国。中国在超大规模数据中心建设和数据价值获取上拥有较大的优势，但与美国相比仍具有一定差距。从海底光缆和数据中心建设情况来看，美国企业在数据价值链上的发展和布局更加国际化，中国的数据价值链拓展仍然主要局限在国内。

随着数字经济的快速发展和数据价值链的日益成熟，各行业领域的计算需求急剧增长，在这样的背景下计算力的重要性日益凸显。IDC和浪潮信息联合发布的《2020全球计算力指数评估报告》显示[2]，美国和中国是全球计算力指数最高的两个国家，在计算能力和基础设施支持上大幅领先于其他国家。计算力的提升既依赖于数据中心、智能计算中心等基础设施的投资，也依赖于人工智能、云计算等前沿数字技术的发展，近年来人工智能计算（AI计算）的支出快速增加。从技术发展来看，在人工智能、

---

[1] UNCTAD, "Digital Economy Report 2021", https：//unctad.org/webflyer/digital-economy-report-2021。

[2] IDC、浪潮信息：《2020全球计算力指数评估报告》，2021年2月。

云计算等前沿数字技术，以及被视为下一代颠覆性技术的量子计算等方面，中国的科学研究和投资都在快速增长，与美国、欧盟成为共同的领导者[①]。IDC发布的《2021—2022全球计算力指数评估报告》显示[②]，2021年AI算力支出在总算力支出的占比与五年前相比提高了3%，中国的AI算力支出增速尤其瞩目，过去五年15个国家AI支出的增长中有60%来自中国。

二 关键技术的发展

数字经济的关键技术领域主要包括两个部分，一个是基础创新领域，包括半导体、处理器、集成电路等硬件技术；另一个是信息通信技术的前沿领域，包括人工智能、云计算、量子计算等技术。在基础创新方面，经过70多年的技术扩散和产业转移，半导体产业链已经高度全球化，但是从全球分工来看仍然存在主要材料、技术、设备集中垄断，厂商分布区域性失衡等特征，使得半导体供应链极易受到地缘政治危机的影响。其中，半导体制造所需的关键原材料，如硅晶圆、光刻胶等，主要生产厂商集中在日本和美国；制造所需的关键设备厂商主要分布在日本、荷兰和美国，特别是核心设备光刻机，市场基本被荷兰阿斯麦公司、日本尼康公司和佳能公司垄断；半导体的生产代工厂商主要集中在中国台湾和韩国，就IC代工来说，全球排名前十位的企业就占据了代工市场95%的份额，市场集中度非常高。

在前沿领域方面，信息和通信技术成为过去二十年科技创新的主流方向。经济合作与发展组织（OECD）统计数据显示，2014—2017年OECD国家拥有的专利中约有三分之一是信息和通信技术

[①] OECD, "OECD Digital Economy Outlook 2020", https://doi.org/10.1787/bb167041-en.
[②] IDC、浪潮信息、清华大学全球产业研究院：《2021—2022全球计算力指数评估报告》，2022年3月。

(ICT) 相关专利，但这一比例在过去十年有所下降，而中国、印度和俄罗斯的 ICT 专利出现显著增长；其中，中国的贡献尤为明显，除了 ICT 专利的迅速增加，中国在计算机科学期刊的投稿量也大幅增加，并超过了美国①。在人工智能、云计算、区块链等前沿数字技术，以及被视为下一代颠覆性技术的量子计算等方面，中国的科学研究和投资都在快速增长，与美国、欧盟成为共同的领导者，但从重要科研成果的引用率和核心专利质量来看，中国与美国相比仍有一定差距。

三 数字平台发展

数字经济的一个重要特征是数字平台的出现，当前经济活动中由平台支持的产品或服务的重要性日益增加。数字平台作为一个交易的中介机构②，大大降低了市场进入成本和消费者的搜索成本，有助于提高市场效率，但由于网络效应和其他因素，平台容易积累巨大的市场力量，并可能滥用其市场支配地位。近年来，超大型数字平台的崛起引发了全球关注，数据平台带来的垄断和数据隐私安全等问题成为全球性议题。尽管如此，数字平台作为一种新的生产力组织方式，其在各行各业的渗透已经成为不可逆转的趋势，特别是新冠疫情暴发以来，数字平台已经成为经济社会运行的重要支撑，在推动产业升级、优化资源配置、畅通经济循环中发挥出越来越重要的作用。

目前，超大型数字平台主要集中在美国和中国。联合国贸易与发展会议发布的《2021 年数字经济报告》显示③，截至 2021 年 5

---

① OECD, "OECD Digital Economy Outlook 2020", https：//doi. org/10. 1787/bb167041-en.

② Chen Y., "Improving Market Performance in the Digital Economy", *China Economic Review*, Vol. 62, No. 101482, 2020.

③ UNCTAD, "Digital Economy Report 2021", https：//unctad. org/webflyer/digital-economy-report-2021.

月，全球市值最高的前 100 家数字平台企业中美国企业有 33 家，中国企业有 24 家，两国的数字平台企业占全球的一半以上。数字平台是数据价值链上的重要角色，大型数字平台企业聚集了海量用户，在数据收集和价值挖掘上具有显著的规模优势。《2021 年数字经济报告》从数据跨境流动的角度对此进行了分析，中美两国的数字平台已经成为全球性的数字公司，在世界范围内拥有巨大的金融、市场和技术力量，在"数据价值链"上形成了显著发展优势。从数字平台发展的角度来看，虽然中国和美国都是全球的领导者，但是从市值来看，美国数字平台企业的市值远高于中国的数字平台企业，而且在 2018 年之后两者的差距呈现扩大的趋势。

从整体来看，尽管全球数字经济增长迅猛，但其发展存在显著的不平衡性。正如上文对数字基础设施、关键技术和数字平台发展情况的总结，数字经济的发展在地理上没有显示出传统的南北鸿沟，而是由美国和中国两个大国共同领导。其中，中国在数字经济领域的快速发展对全球科技竞争和经济发展格局带来重要影响。欧洲数字竞争力中心（ESCP）发布的《2021 年数字崛起报告》对 2018—2020 年全球 140 个国家的数字竞争力进行了跟踪和对比，中国是二十国集团（G20）中数字竞争力提升最快的国家，在数字化生态系统和数字化转型思维方面都取得了显著进步。除中国以外，越南、柬埔寨、格鲁吉亚、埃及、沙特阿拉伯等国的数字竞争力也在快速提升。2020 年新冠疫情的传播让各国进一步认识到数字技术在应对危机中的重要性，更多的国家开始加入数字化转型的队伍。在享受数字化转型带来的经济利益和便利性的同时，各国也开始关注数字经济发展带来问题和挑战，而劳动力结构调整和就业变革正是最重要的挑战之一。

第二节 数字技术对劳动力市场的影响

数字技术的广泛应用对全球劳动力市场产生了持续、深远的影响。一方面，数字技术改变了诸多传统行业的商业逻辑并推动传统行业向数字化转型，带来了大量新兴领域的就业机会；另一方面，数字技术的发展不断增强"自动化"的力量，使越来越多的传统职位暴露在技术的替代风险之下。尽管两种变革趋势看起来对就业的影响是相反的，但它们指向了一个共同的方向——劳动者必须对新的变化做出改变。在做出改变之前，劳动者需要对技术变革趋势下的新要求有更清晰的了解，这也是本书的主要目的。本章基于对既有文献的梳理和现实的观察，分析总结了数字技术对劳动力市场的主要影响，以期为数字时代众多的劳动者们提供启发和参考。

一 产业数字化转型重塑劳动力需求

数字化转型是指大量采用数字技术产生、处理、共享和传递信息所引发的变革，全球至今已经经历了三波数字化转型浪潮。第一波数字化转型浪潮主要是通信技术和信息管理的发展，例如宽带、电话的发展和最早的数据收集系统；第二波数字化转型浪潮主要是涉及互联网及其相应平台（如搜索引擎）的扩散，这促进了企业与消费者之间的连接，快速推动了消费端的数字化转型；第三波数字化浪潮主要是基于大数据/分析、物联网、机器人、传感器和人工智能技术的发展，旨在提高信息处理和决策质量，同时进一步实现企业和政府日常任务的自动化。这些技术并不是以独立的方式被采用，而是与前两次数字化浪潮的成熟技术相结合。在最近的这次新技术革命中，经济和社会的各个领域都在迅速加快数字化转型。这种转型不仅改变着企业的运作逻辑,也改变着个人的工作、生活和参与社会的方式。

以数字技术为核心的新一轮科技革命推动了生产方式的变革,并不断渗透传统产业,形成新的产业群落和商业模式[①]。例如,科技革命带动制造业不断向工业 4.0 迈进,形成以智能制造、工业互联网等为核心的新的产业生态[②]。当前,全球制造业在理念和范式上正经历着巨大的变化,数字技术除了快速推动制造业核心技术和制造能力的发展,也将 IT 和互联网领域特有的商业模式、组织模式、运行逻辑带入制造业,这给制造业带来了重要的发展机遇。越来越多的"认知型"任务正在依靠大数据、人工智能等技术实现自动化,从语言处理到模式匹配,再到解决实际的问题,人工智能技术极大地提高了机器的灵活性、移动能力和感知能力,例如无人驾驶技术、语音识别技术和各类智能机器人技术的快速发展,这样的趋势极大地影响了传统的装配、搬运、驾驶等具有"重复性劳动"特征的职业。

传统行业的数字化转型也在重塑企业的劳动力技能需求。以制造业为例,随着数字技术应用的深化,美国通用电气(GE)等工业巨头越来越多地将商业战略从硬件转向软件,这一变革显著降低了成本并提高了效率,同时也颠覆了员工所需的技能。在过去,大部分制造业企业的劳动力要接受机械培训,当机器运转出现问题时可以诊断和修复故障。相比之下,现在这些企业却更倾向招聘软件工程师和数据分析师,他们通过对机器运转的实时数据进行监测和分析,尝试在机器出现故障之前就发现异常,并通过调整软件设置

[①] 郭海、韩佳平:《数字化情境下开放式创新对新创企业成长的影响:商业模式创新的中介作用》,《管理评论》2019 年第 6 期。

[②] Oztemel E., Gursev S., "Literature Review of Industry 4.0 and Related Technologies", *Journal of Intelligent Manufacturing*, Vol. 31, No. 1, 2020.

来主动解决可能的运行故障。新的技能需求不只是从硬件到软件的转变，还包括系统性的思维能力，员工需要有主动性和预测性的技能，而不是被动地应对和反应。

这种情况也发生在医疗、金融、零售等其他传统行业，那些长期沿用体系化和流程化的工作模式，拥有很好的数据积累和模式化经验，存在许多可通过数字技术优化的应用场景。例如医疗领域的病案管理和分析、医疗影像识别；金融领域的量化交易、智能投顾；零售领域的用户画像、精准营销、智能办公等场景，都是目前数字技术应用的热点。这些领域对硬件依赖程度较小，最直接的应用就是为企业提供智能化解决方案和数据分析服务，因此产生了对数据分析师、量化分析师、软件工程师的大量需求。

总体而言，在数字化转型的背景下，人才作为掌握和传播新技术的载体，是从传统生产方式向新科技革命过渡的核心力量，也随着科技革命的推进表现出明显的变革趋势。与之相应的是，社会对人才的需求也在快速变化。首先，伴随数字技术的快速革新，人工智能、数据科学、机器人、基因编辑、合成生物等前沿领域的突破成为各国竞争的焦点，各行各业对数字技术人才的需求正在急剧增长[1]。其次，以人工智能为代表的数字技术使一些重复性强、程式化高的传统职业面临替代风险，对就业结构以及劳动者的技能需求、收入分配等方面带来了重要影响，其中最为显著的是企业对劳动者的数字技能提出更高的要求。在新一轮科技革命下，劳动力整体层面的技能短缺和错配正在获得越来越多的关注，各行各业不仅面临培养新人才的挑战，还需要解决原有人才技

---

[1] 国务院发展研究中心"国际经济格局变化和中国战略选择"课题组、李伟、隆国强、张琦、赵晋平、赵福军：《未来15年国际经济格局变化和中国战略选择》，《管理世界》2018年第12期。

能不匹配的问题[①]。

二 人工智能对就业的颠覆性影响

人工智能已经成为新一轮科技革命的核心驱动力之一，在对全球经济增长做出重要贡献的同时，对未来社会的发展也带来了深远的影响。与前两次人工智能发展浪潮相比，此次人工智能浪潮的影响力远超之前，其中最显著的特点是影响力从专业领域扩散到了大众化领域。2016年3月，当人工智能程序AlphaGo打败世界著名围棋选手之后，人工智能在全球范围内引发了广泛关注，现在已经成为普通大众耳熟能详的一个词。我们看到，在世界各地，人工智能正在快速推动经济的数字化转型，持续创造巨大的经济效益，并为当前发展中存在的诸多社会难题带来了新的解决方案。许多国家都在积极探索如何借助人工智能等数字技术解决能源、环境、贫穷等问题。但与此同时，人工智能也给经济社会发展带来了诸多新的挑战，目前在学界、业界和大众中引起普遍担忧的一个问题是人工智能对就业的影响和冲击。当计算机可以像人一样思考，完成那些原来只有人类才能完成的任务甚至做得更好时，人类应当扮演什么样的角色？智能化的机器是否会在短时间内取代大量的人类工作？不只是中低技能的就业群体有这样的担忧，高技能劳动者同样感受到来自人工智能的威胁，这是人工智能技术革命与前几次技术革命的一个不同之处。

人工智能对就业的影响还体现在可能进一步加剧收入不平等和贫富差距。一方面，对于拥有人工智能或数字技术的人以及从事那些难以被机器替代的工作的人来说，需求将会增加，收入也会相应

---

① Ustundag A. and Cevikcan E., *Managing The Digital Transformation*, Swizerland：Springer International Publishing, 2018.

提高。而对于大部分维持传统工作技能的人和工作容易被机器替代的人来说，他们的就业情况可能会不断恶化，从而造成收入不平等的加剧。另一方面，人工智能的发展催生了大量围绕数据收集、标注和清洗的基础工作需求，这些工作的技能要求不高，待遇较低，类似于传统工厂的装配线工作，且多数是兼职工作。这样的就业生态可能促使越来越多的企业去雇佣兼职劳动者，而不是提供稳定的工作，长久以往也将会加剧就业和收入的不平等。

对于发展中国家来说，人工智能带来的挑战会更加严峻。一方面，发展中国家在人工智能的发展浪潮中处于劣势地位，难以投入巨资发展人工智能，在技术创新和应用领域与发达国家的差距越来越大，难以享受人工智能所带来的经济增长红利。另一方面，如果中低技能工人的工作能够被机器所取代且机器的成本更低，一大批在发展中国家寻求低价劳动力的企业将会放弃在这些国家的劳动力投资，转而就近使用机器，这将对发展中国家的就业产生极大的冲击。总体来说，人工智能技术发展已经成为全球劳动力市场变革中影响力最大的一股力量，无论是在发达国家还是在发展中国家都受到了极大的关注。

三　数字平台对劳动力市场的影响

信息通信技术革命和互联网的发展推动了数字劳动力平台的兴起，与传统致力于解决信息不对称问题的互联网平台有所不同，数字平台提供了连接工人与企业/客户的一种新的组织工作和商业的方式。目前，主要有两种类型的数字劳动力平台，一种是基于网络的在线平台，工作由工人在线和远程执行，代表平台如 Upwork 和 Freelancer；另一种是基于位置的平台，其中任务由个人在指定的物理位置执行，代表平台如 Uber、滴滴出行、美团外卖等。这些平台使用搜索算法将员工与企业匹起来，使公司能够比以往更快地找到所需的劳动力，从而降低搜索成本。同时，数字工具使远程协作成为可能，促进了工作流程的算法管理。根据国际劳工组织（ILO）的数据，2010年以来，全球范围内为在线工作提供便利或直接让劳动者提供打车和送货服务的数字劳工平台数量增长了5倍[①]。数字平台的出现极大地改变了传统的就业模式和劳动力市场的运作方式，对劳动力市场产生了深远的影响。

首先，数字平台为劳动力提供了更多的就业机会和灵活性。传统的就业模式通常是固定的全职工作，而数字平台为人们提供了更多的兼职、零工和自由职业的机会。人们可以根据自己的时间和能力选择工作，实现更好的工作与生活平衡。这种新的就业形式也被称为"零工就业"，与传统的非标准就业或灵活就业有所不同，零工就业以依托互联网平台为主要特征，在过去十年已经成为全球劳动力市场的一种普遍现象，并推动了零工经济的兴起。零工经济为那些传统就业市场上难以找到工作的人提供了新的就业机会，极大地降低了就业门槛。

其次，数字平台改变了劳动力供需的匹配方式。传统的劳动力市场往往存在信息不对称的问题，使得劳动力供需的匹配效率低下。而数字平台通过在线平台的信息共享和智能匹配算法，使得劳动力供需的匹配更加高效和精准。雇主可以更容易地找到合适的劳动力，而劳动者也可以更容易地找到适合自己技能和兴趣的工作。我们看到数字平台甚至推动了劳动力市场的全球化。在亚马逊 Mechanical Turk 和 Upwork 这样的在线数字劳动力平台，人们可以在全球范围内寻找工作机会，不再受限于地理位置。

---

① International Labour Organization, "The Role of Digital Labour Platforms in Transforming the World of Work", *World Employment and Social Outlook 2021*, 2021.

最后，数字平台对劳动力市场的收入分配也产生了重要影响。数字平台通常采用灵活的收入模式，如按小时计费、按任务计费或按销售提成等，使得劳动者的收入与工作量和质量直接相关。这一模式为高绩效的劳动者提供了更多的收入机会，但也可能导致一些劳动者的收入不稳定和不确定。此外，数字平台也引发了关于劳动者权益和社会保障的讨论，需要制定相应的政策和法规来保护劳动者的权益。

第三节 全球劳动力市场的变革趋势

2020年年初，突如其来的新冠疫情席卷全球，对世界经济和社会发展带来巨大冲击，其中对就业的冲击格外严重。2020年4月，国际劳工组织发布的《监测报告第二版：2019冠状病毒病和劳动世界》报告指出，新冠疫情对就业造成了"毁灭性的影响"，全球约有27亿（占比为81%）的劳动者受到影响，各国失业率快速上升，引发自第二次世界大战以来最严重的就业危机。过去两年，尽管越来越多的经济体已经开始从新冠疫情及其相关的封锁措施中复苏，但是疫情对劳动力市场带来的影响仍在持续。与此同时，全球劳动力市场还面临经济和地缘政治危机的冲击，以及日益增长的社会和环境压力，这些交织在一起的事件正在持续推动全球劳动市场的重新配置，刺激对新职业、新技能的需求，并可能扩大发达经济体和新兴经济体之间以及劳动者之间的差距。尽管不同国家、不同地区的劳动力市场前景存在很大的差异和不确定性，但是我们也观察到一些共同的变革趋势，包括非正规就业规模的扩大、人们对技术替代就业的担忧情绪上涨、技能错配和技能短缺情况的加剧，以及技术变革和经济与地缘政治危机下收入差距的扩大，等等。

一 非正规就业规模不断扩大

国际劳工组织的数据显示，自 2008 年国际金融危机以来，无论是发达国家还是发展中国家，非正规就业都表现出明显的增长趋势，成为全球劳动力市场的显著特征[1]。非正规就业主要指临时性就业、非全日制就业（兼职）、临时性机构工作或多方雇佣关系，隐蔽性雇佣和非独立性自雇等形式的就业。在 2008 年国际金融危机引发的经济衰退中，劳动者失业时间比以往的经济衰退更长。在美国，就业率直到 2014 年中期才恢复到衰退前的水平，尽管就业数据有所反弹，但就业岗位不尽相同。许多新职位要么是需要大量培训的高工资专业工作，要么是低工资的兼职工作。劳动者不得不面对日益两极分化的经济情况，很多人转向新的就业机会，特别是以数字平台为中介的就业形式，例如亚马逊的 Mechanical Turk 和 Uber 等平台提供的零工就业机会。过去十多年，一个明显的趋势是，伴随数字化平台的出现和发展，非正规就业变得更加容易组织，以数字平台为中介的零工经济得到了快速发展。

美国劳工局对临时性和替代性的工作进行了长期追踪，数据显示，2017 年美国有大约 5500 万临时性就业人员，大约占劳动力总量的 34%[2]。Collins 等（2019）基于劳动者的纳税申报数据（主要是其中的"1099 表"）对美国临时性和替代性工作的发展趋势进行了更深入的分析，发现 2016 年获得收入的临时性和替代性就业人员在整体就业中所占的份额比 2000 年提高了 1.9 个百分点，占比为 11.8%[3]。临时

---

[1] International Labour Organization, *Non-Standard Employment around the World: Understanding Challenges, Shaping Prospects*, ILO Geneva, 2016.

[2] Bureau of Labor Statistics, *Contingent and Alternative Employment Arrangements*, May 2017.

[3] Collins B., Garin A., Jackson E., Koustas D. and Payne M., "Is Gig Work Replacing Traditional Employment? Evidence from Two Decades of Tax Returns", Unpublished Paper, IRS SOI Joint Statistical Research Program, 2019.

性和替代性就业增长中,超过一半的增长发生在 2013—2016 年,几乎可以全部归因于零工就业的迅速增长。从新成立企业的发展情况也反映出这一趋势,1999—2014 年,美国的非雇主企业增长了 60%,这与零工就业的兴起密切相关,并受到在线数字平台的高度影响[1]。Hertfordshire 大学开展了一项关于欧洲零工经济的研究,调查显示,德国和英国有 9% 的人口从事零工就业,而在意大利这一比例达到 22%[2]。中国当前尚无针对非正规就业的系统性测算工作,2020 年 8 月 7 日国务院政策例行吹风会上,人社部公布中国灵活就业从业人员规模为 2 亿人左右[3]。截至 2019 年,中国就业人数为 7.7 亿人,以此为参照,灵活就业大约占总就业规模的 26%。

从中国的劳动力市场来看,数字技术的发展和渗透对传统经济运行模式下的就业生态、就业结构和就业方式产生了深刻影响。在就业生态方面,数字技术的发展改变了诸多传统行业的商业逻辑,带来大量新兴领域的就业机会,产生了很多新职业,如网约车司机、外卖员、配送员、网络主播等。这些新就业形态已经发展成为吸纳就业的重要渠道。在就业结构方面,伴随农业、制造业、建筑业数字化转型的深入推进,第一和第二产业中大量重复性强的工作正在消失,这些行业的劳动力被吸纳到以"数字"为核心的现代服务业和新就业形态中,使得第三产业的就业比重不断提高。在就业方式方面,新经济、新业态改变了劳动力市场的格局和资源配置方式,传统的就业方式也随之发生改变,"灵活就业""自雇就业"变得越来越流行。

---

[1] Rozzi F., "The Impact of the Gig-Economy on U. S. Labor Markets: Understanding the Role of Non-Employer Firms using Econometric Models and the Example of Uber", *Junior Management Science*, Vol. 3, No. 2, 2018.

[2] Huws U., Spencer N. H., Syrdal D. S. and Holts K., "Work in the European Gig Economy", *SELL*, Vol. 62, No. 59, 2017.

[3] 数据来源于 http://www.gov.cn/xinwen/2020zccfh/20/index.htm。

尽管非正规就业在缓解就业压力方面发挥了重要作用，但非正规就业部门广泛存在的工作不稳定性、社会保障不足仍是政府治理面临的巨大挑战。中国社会科学院发布的《人口与劳动绿皮书》显示，非标准就业者与标准就业者存在较大鸿沟。在参加基本养老保险、基本医疗保险、失业保险、工伤保险和生育保险方面，非标准就业群体的参保比例依次比标准就业群体低54.32%、55.27%、58.07%、57.21%和53.50%。在工会会员比例上，非标准就业仅为3.68%，而标准就业为33%，差距非常大。非正规就业规模的扩大以及新就业形式的出现在带来机遇的同时，也对传统劳动保护和社会保障体系带来新的挑战。

二 人工智能技术带来新的不确定性

人工智能浪潮已经推进了十多年，尽管数字技术在劳动力市场的渗透随处可见，但技术取代人类完成大量工作的场景似乎还尚未出现。例如，聊天机器人已经成为客户服务工作中的普遍现象，机器翻译、文书写作在相关领域的比重也在增加，不过并未从根本上动摇客户服务人员、翻译、文员的工作。这背后有多方面的原因，第一，虽然人工智能在一些工作任务的完成上可以超过人类，但是许多情况下，人的成本仍然比机器的成本低。第二，人工智能对工作的影响还应区分任务自动化和工作自动化，由于一项工作通常涉及很多不同的任务，即使大量任务被自动化所替代，也很难替代工作所需的所有任务，因此大多数自动化一直是局部而非全部自动化。第三，正如前文提到的，人工智能对就业既有促进作用又有替代作用，对不同行业的影响具有很大差异。在许多非制造业领域，人工智能的应用扩大了需求，创造了新的就业机会，技术对就业的促进作用大于替代作用。但是在制造业，情况可能就不太乐观了。在发达国家，由于制造业领域的自动化已经有上百年，各种市场需求都得到了满足，短期内需求弹性不会发生太大变化，人工智能对就业的促进作用可能非常有限。

此外，我们还应当看到人工智能对不同技能劳动者影响的异质性，以及技术发展的不确定性。从技术的偏向性影响来看，人工智能一直被视为一种劳动增强型技术，技术使用与劳动技能之间存在互补关系，即高技能水平、经验丰富的熟练劳动者更有可能获得技术收益，且人工智能技术的应用对中等技能劳动者最不友好，由此可能导致劳动就业和收入水平的两极分化。从工作任务的角度来看，人工智能技术主要影响那些具有清晰标准或规则，重复性、程式化的工作任务，因此很多学者认为人工智能只是传统自动化趋势的延续。尽管受人工智能影响的岗位逐步从体力劳动渗透至初级脑力劳动岗位，但是高技能水平、创新型岗位似乎尚未受到严重的威胁。然而，人工智能技术的最新进展——生成式人工智能的发展似乎带来了新的不确定性。

2022年年底，大型语言模型（LLMs）及其代表性产品ChatGPT在全球快速传播，推动了生成式人工智能的高速发展。生成式AI技术是一种基于机器学习模型的技术，使计算机可以根据特定输入生成新的内容，例如文章、音乐、图像等。这项技术在理解用户语意并自动生成关联内容方面表现异常出色，专家预测这项技术将对劳动力市场产生广泛的影响。在先前的自动化浪潮中，创造型、专业型工作任务（如写作、编程、医务工作）由于难以被编码，很大程度上避免了被自动化，但是生成式AI技术的最新进展有可能快速改变这一模式。和前几代人工智能深度学习模型相比，生成式AI模型显著缩小了人工智能与人类认知力的差距，而且模型的能力还在快速提升，并表现出比已知能力更强的学习能力①。这一趋势将对知识型劳动者产生重大影响，越来越多的人呼吁围绕人工智能对知识型、专业型工作的影响进行更多的实证研究和理论探索，特别是在非常规认知任务领域。

总体而言，虽然目前我们没有观察到人工智能技术渗透导致就业岗位的净流失，它仍然具有很强的颠覆性影响，因为人们为了维持就业状态就必须学会适应新的工作和掌握新技能。与此同时，技术变革仍在快速发展，替代作用和促进作用的平衡状态会持续多久，未来仍存在很大的不确定性。

三　技能短缺与技能错配

经济社会的数字化转型给人们工作、生活和参与社会的方式带来巨大改变。从劳动力市场来看，数字化的快速发展不仅使机器、算法对劳动力的替代更加可行，也改变了诸多行业和职业的工作性质和范围，一方面工作本身正在快速数字化，以数字平台为中介的工作份额显著上升；另一方面，劳动者需要不断掌握新的技能以防止被数字时代淘汰，以及抓住新的发展机会②。与20世纪80年代相比，今天的工作需要更加复杂的技能，且技能要求的变化在快速计算机化的职业中最为明显。美国布鲁金斯学会的研究人员利用美国劳工部的O*NET数据，研究了计算机、互联网等数字技能在545种不同职业工作活动中的重要程度，研究结果证实了职业日益数字化的整体趋势，即使是一些不一定被认为需要数字技能的职业，在2002—2016年其数字化得分（反映工作活动与计算机互动

---

① Korinek A., "Language Models and Cognitive Automation for Economic Research", *NBER Working Paper*, No. 30957, 2023.

② Ustundag A. and Cevikcan E., *Managing The Digital Transformation*, Swizerland: Springer International Publishing, 2018.

的指标）也出现了大幅提高①。

然而，由于数字技术革新速度非常快，数字技能的发展和普及存在一定滞后。欧盟2015年对成员国开展了一项调查，调查显示过去十年欧洲企业对数字技能劳动力的需求平均每年增长4%以上，而欧洲国家却有接近50%的人口缺乏基本数字技能，有大约20%的人口没有任何数字技能②。世界多地政府在政策文件中都提到了数字技能短缺或数字技能不匹配的问题，有的国家甚至认为存在"数字技能危机"，背后的原因主要是很多国家出现了数字技能相关职业空缺难以填补的现象③。提高人力资本和数字技能是一个复杂的过程，需要长期、全面的规划，以及国民经济各部门的协调行动。美国于2015年提出"技能提升计划（Upskill American）"④，欧盟在2016年推出"欧洲新技能议程（New Skills Agenda for Europe）"，都致力于解决劳动力技能不匹配、新技能需求难以满足等问题。劳动力市场中数字技能短缺或技能错配等问题将给数字经济发展带来制约。一方面，数字技能的短缺将造成互联网和数字技术使用上的数字鸿沟；另一方面，数字人才或数字技能竞争力不足的国家和地区在数字经济发展中创造和获得价值的空间可能更小。有学者利用2012—2017年43个亚太国家的数据，研究发现数字技能对促进亚太地区数字经济发展具有明显的

---

① Muro M., Liu S., Whiton J., Kulkarni S. and Others, "Digitalization and the American workforce", https://www.brookings.edu/wp-content/uploads/2017/11/mpp_2017nov15_digit alization_full_report.pdf.

② European Commission, *A New Skills Agenda for Europe*, 2016.

③ Beblavý, M., Fabo, B., and Lenaerts, K., "Demand for Digital Skills in the US Labour Market: The IT Skills Pyramid", *CEPS Special Report*, No. 154, 2016.

④ 技能提升计划（Upskill American）在奥巴马执政期间被提出，参见https://obamawhitehouse.archives.gov/blog/2015/01/22/upskill-america-presidents-plan-help-hardworking-americans-earn-higher-paying-jobs.

积极影响①。

  2020 年，新冠疫情的暴发进一步凸显了数字技能的重要性。许多人在疫情防控期间经历了社交隔离、失业或收入下降，需要学习新的技能，尤其是数字技能来适应生活和工作的新变化和新要求，例如远程工作、线上求职等。疫情也让各国认识到，仅促进互联网连接是不够的，必须同时提升人们的数字技能，才能更好地利用数字技术带来的便利，在危急情况下维持经济和社会的运行②。因此，发展数字技能不仅能帮助人们更好地适应数字化变革、分享数字经济发展红利，也是国家和地区应对经济社会危机的关键。

---

① Maji S. K. and Laha A. , "State of Digital Economy in Asia-Pacific Region: Delineating the Role of Digital Skill", *International Journal of Public Administration in the Digital Age*（*IJPADA*）, Vol. 7, No. 2, 2020.

② European Commission, *Digital Economy and Society Index*（*DESI*）, 2020.

第二章

全球数字人才的发展态势

第一节 数字人才的概念和范畴

随着数字经济发展进入加速创新和深度融合阶段，人才的重要性日益凸显，各行各业在数字化转型中普遍面临的一大挑战就是，如何聚集足够多的具备技术变革所需专业技能和能力的人才去从事创新活动。在这种背景下，数字人才这一群体受到越来越多的关注。既有的理论与经验研究表明，数字人才从数字产业部门（即 ICT 相关产业）向传统产业的流动将促进信息通信技术（ICT）与传统产业技术的融合，推动传统产业的技术进步和生产效率的提高。随着产业数字化转型的日益深化，数字人才已经成为影响数字经济发展潜力的关键因素。

迄今为止，关于数字人才无论是学术界还是产业界都没有给出一个公认的准确定义；既有的概念界定大致可以分为三类：一是从行业角度的界定，主要指 ICT 相关行业的从业人员，包括 ICT 制造、电信、软件、互联网、信息技术服务等细分行业[1]。行业角度的界定容易遗漏在 ICT 行业之外从事相关工作的劳动力，而这部分

---

[1] Sabadash A., *ICT Employment Statistics in Europe: Measurement Methodology*, European Commission Joint Research Centre Institute for Prospective Technological Studies, 2012.

劳动力已经具有相当的规模。二是职位/岗位角度的界定[1]，主要包含大量的技术类职位，如软件开发工程师、网页设计师等。随着数字技术的发展有越来越多的新岗位出现，例如人工智能、虚拟现实、3D打印等相关就业人员，职位/岗位角度的界定只能捕捉到ICT专业人才，容易遗漏传统岗位上的复合型人才。三是技能角度的界定，即拥有ICT技能的劳动力（或从业人员）。根据OECD的划分，ICT技能又可以细分为三类，即ICT普通技能、ICT专业技能和ICT补充技能[2]。ICT普通技能是指绝大多数就业者在工作中所使用的基础数字技能，例如打字、浏览网页等技能。ICT专业技能主要指开发ICT产品和服务所需要数字技能，例如编程、网页设计等技能。ICT补充技能是指利用特定的数字技能或平台辅助解决工作中的一些问题，例如使用财务软件等技能。ICT普通技能被视为发展数字包容性的一个重要方面，因此，只具备ICT普通技能的就业人员通常不会被算作数字人才，而是要求其至少拥有ICT专业技能和补充技能。加拿大的ICT委员会（ICTC）提出了一个更加宽泛的数字人才概念，主要包括在所有行业中从事ICT工作的人员和在ICT行业中从事非ICT工作的人员，也就是说，ICT行业的所有从业人员都被视为数字人才[3]。ICTC是从职位的角度来界定数字人才，这是很多国家和机构在统计核算中普遍采用的思路，实际操作中也更容易。

本书认为，从技能角度来界定数字人才能够更好地契合数字技

---

[1] Doucek P., Maryška M., Nedomová A. L. and Novotný O., *Competitiveness of Czech ICT industry-Requirements on ICT HEIs Graduates*, Liberec Economic Forum, 2011.

[2] OECD, "Skills for a Digital World", https://www.oecd.org/content/dam/oecd/en/topics/policy-issues/future-of-work/skills-for-a-digital-world.pdf.

[3] Information and Communications Technology Council (ICTC), "Digital Talent Road to 2020 and Beyond: A National Strategy to Develop Canada's Talent in a Global Digital Economyl", https://www.niagaraknowledgeexchange.com/wp-content/uploads/sites/2/2017/09/ICTC_DigitalTalent2020_English_Final_March2016.pdf.

术的发展态势。在我们的研究中，数字人才主要包括两部分群体：一是ICT行业的所有就业人员，除了具有编程、研发以及行业特定技能的高水平人才，也应当包含与ICT产品和服务相关的运营、营销、销售等传统岗位的就业人员，这部分劳动力可以称为"专业型数字人才"；二是非ICT行业中具备ICT专业技能和补充技能的就业人员，这部分劳动力可以称为"复合型数字人才"。需要特别指出的是，仅考虑就业人员（或从业人员）仍不能完全覆盖数字人才，毕竟还有少量群体曾经在ICT行业从业或具备ICT专业技能和补充技能处于自愿失业状态。考虑到整体供不应求的状况，这部分群体所占比重较小，加上既有数据统计的缺失，本书在分析数字人才时将忽略这部分人群。

第二节 数字人才规模的测算思路

数字人才规模测算可以看作数字经济测算的一项重要内容，与数字经济的概念和数字人才的界定密切相关。数字经济的概念和内涵随着数字技术的发展不断延伸、扩展[1]，狭义的数字经济主要指ICT产业本身，广义的数字经济涵盖了ICT产业（即数字产业化）以及ICT与传统产业融合（即产业数字化）两部分。与之相对应的，狭义上的数字人才规模局限于ICT产业本身，即前述第一部分群体。统计实践中，包括中国在内的很多国家在统计核算中使用的都是狭义范畴。OECD在ICT就业规模的估计中也只考虑了ICT产业，2011年OECD国家整体的ICT就业规模在所有就业中的比重为3.7%[2]。中国国家统计局的数据显示，截至2022年，信息

---

[1] Bukht R. and Heeks R., "Defining, Conceptualising and Measuring the Digital Economy", *Development Informatics Working Paper*, No. 68, 2017.

[2] OECD, *OECD Digital Economy Outlook 2017*, 2017.

传输、软件和信息技术服务业的城镇就业规模约为 529.2 万人[①]。

美国相关学者和机构在数字经济测算方面做了大量开创性工作，美国商务部经济分析局（BEA）和普查局（Bureau of Census）从 2000 年前后就开始研究和测算数字技术对经济的影响，当时的数字经济测算主要集中在电子商务领域，之后不断将新的数字经济内容和特征纳入测算框架。2018 年 3 月 BEA 发布了一份关于数字经济测算的报告，在数字经济就业规模测算中纳入了除 ICT 以外的其他行业，基于其所定义的数字经济范畴，信息行业的就业规模只占数字经济整体就业的 33%[②]。但由于这项研究将数字经济的范畴限定在三部分内容（支持计算机网络运行的数字基础设施，在基础设施上进行的数字交易和数字经济用户创建与访问的内容），所对应的信息行业与普遍意义上的 ICT 产业并不完全重合，因此 BEA 的就业规模测算主要包含 ICT 专业人才以及电子商务和数字媒体相关的从业人员。加拿大在数字人才规模测算中既有对 ICT 产业本身的测算，也有对整个数字经济就业规模的测算，后者的测算借鉴了 BEA 的思路。

总体来看，当前无论是国际还是国内，在数字人才规模测算上尚未形成一套通用的方法和体系，原因是多方面的。第一，数字人才的界定究竟应该依据产业、职位还是技能，存在一定争议。第二，数字经济的范畴难以准确界定，虽然关于 ICT 产业所包含的内容已经形成广泛的共识，但是对于 ICT 产业和传统产业融合的部分如何界定还不明确；与此相对应的，应当将传统产业中的哪些 ICT 从业者（复合型技能劳动者）剥离出来计算，尚无定论。第三，测

---

① 数据来源于《中国统计年鉴 2023》。
② Kevin Barefoot, Dave Curtis, William Jolliff, Jessica R. Nicholson, "Robert Omohundro, Defining and Measuring the Digital Economy", *BEA Working Paper*, March 2018, https://www.bea.gov/research/papers/2018/defining-and-measuring-digital-economy.

算面临来自数据的限制，部分领域的就业数据收集难度大、标准化程度低，增加了测算的难度。第四，新模式、新业态的发展催生了大量的新职位、新技能，数字人才范围的拓展很难跟上技术和商业创新的步伐。

官方统计体系大多难以支持数字人才的深度分析，大数据方法提供了一个很好的补充，OECD、世界银行、欧盟委员会和很多国家的统计部门都开始尝试与一些公司开展数据方面的合作，作为原有统计核算体系的补充。例如 OECD 与 Facebook 公司合作的"OECD Facebook Statistics"数据库，用于 ICT 就业规模的估计[1]；世界银行与领英（LinkedIn）公司合作的公开数据项目"Industry Jobs and Skills Trends"，呈现了全球 140 个国家在 ICT 前沿领域的就业和技能趋势[2]；英国国家经济与社会研究所基于 Growth Intelligence 公司的企业数据对英国数字经济的市场规模、经济增长和就业进行测算[3]。这些来自社交网络或人才交流平台的数据为数字人才规模测算提供了更多维度的分析，从不同角度反映出数字人才的发展现状和未来的趋势。

就数字人才测算而言，形成一套通用的方法体系需要不同国家、不同领域在多个层面达成共识，在这个过程中任何角度的探索都是有意义的，只有通过充分的交流和沟通，现有的测算框架和方法才能获得不断的补充和完善。本书虽然不是针对数字人才的规模进行准确测算，但是仍尝试着对其内涵范围给出我们的界定。根据前述分析，为了与数字

---

[1] OECD,"ICT Employment（Indicator）", https：//www.oecd.org/en/data/indicators/ict-employment.html#：~：text=Definition，percentage%20of%20business%20sector%20employment.

[2] 项目英文全称为"World Bank LinkedIn Digital Data for Development"（by World Bank Group & LinkedIn Corporation，licensed under CC BY 3.0），该项目旨在帮助人们更好地了解 ICT、先进制造等知识密集型行业的就业形势及技能变化，从而使政府、企业和个人更好地应对技术革命带来的影响和变革。

[3] Nathan M., Rosso A., Gatten T., Majmudar P. and Mitchell A., *Measuring the UK's Digital Economy with Big Data*, National Institute of Economic and Social Research London, 2013.

经济所包含的"数字产业化"和"产业数字化"两大部分相对应,我们对数字人才的内涵界定也主要包括两部分劳动力——用于ICT专业技能的人才和具备ICT补充技能的复合型人才。

我们收集了包括跨国数据在内的不同渠道来源数据,在分析全球数字人才发展态势的基础上,聚焦中国数字人才供给的基本状况及分布结构,并开展相应的跨国比较分析。各国现有官方统计体系中的就业数据大多是从行业、区域、单位性质等角度进行细分,难以全面刻画数字人才的发展情况。本书基于清华大学经济管理学院互联网发展研究中心的数字人才数据进行分析,该数据来源于领英人才数据库[1]。领英作为国际知名的职场社交平台,聚集了来自全球200多个国家和地区的海量科研、管理、技术和商务类用户,为研究数字人才提供了一个很好的样本,尤其是能够反映出数字人才的行业分布和技能特征。

第三节　全球数字人才发展情况

新冠疫情大流行使数字经济发展不平衡的问题更加凸显,全球对数字包容性发展的关注度显著提升。随着网络基础设施带来的数字鸿沟逐渐被弥补,人才和技能正在成为数字包容性发展的新制约。本书着眼于全球最具代表性的数字创新城市,对新冠疫情影响下数字人才的发展趋势和行业分布变化进行深入分析,以期为未来数字人才培养和数字经济政策的实施提供参考和启发。这些城市在区域以及全球的数字创新中扮演着重要的角色,汇集了来自世界各地的创新人才和数字人才。

---

[1] 陈煜波、马晔风:《数字人才——中国经济数字化转型的核心驱动力》,《清华管理评论》2018年第Z1期。

一 数字人才的行业分布

我们分析了不同城市数字人才在 ICT 行业和非 ICT 行业的比重，图 2.1 展示了 2020 年数字人才的分布情况。从 31 个城市（地区）整体来看，数字人才在非 ICT 行业的比例更高，意味着数字人才已经不断向传统行业渗透，全球产业数字化向纵深发展。具体来看，欧美地区数字人才在传统行业的比例更高，其中，洛杉矶、纽约、阿联酋、芝加哥、伦敦、布鲁塞尔、哥本哈根非 ICT 行业数字人才占比均超过 80%。亚太地区数字人才在 ICT 行业的占比更高，班加罗尔、杭州、北京、旧金山湾区、南京、深圳、都柏林在 ICT 行业数字人才占比位居前列，均超过 30%。

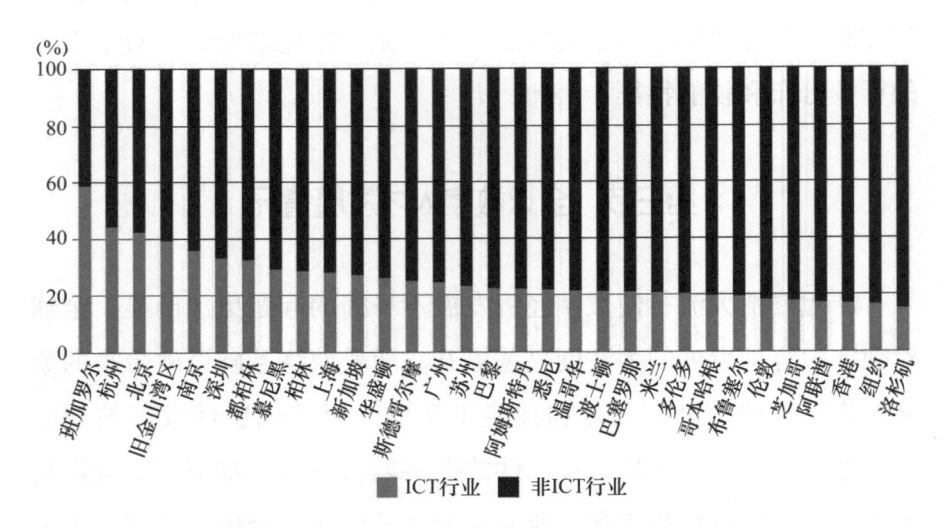

图 2.1　2020 年城市（地区）数字人才 ICT 行业/非 ICT 行业分布

与 2019 年数据相比，31 个城市（地区）在 ICT 或非 ICT 行业的数字人才分布占比排序变化不大，但各城市（地区）在占比数值上均有所调整。如图 2.2 所示，波士顿、班加罗尔、慕尼黑、南京、北京、杭州、上海、深圳、广州等城市数字人才在非 ICT 行业的占比持续增加，反映了这些城市新冠疫情之后传统行业数字化转型步伐的加快，特别是中国数字经济引领性城市在 2020 年取得了明显进展。

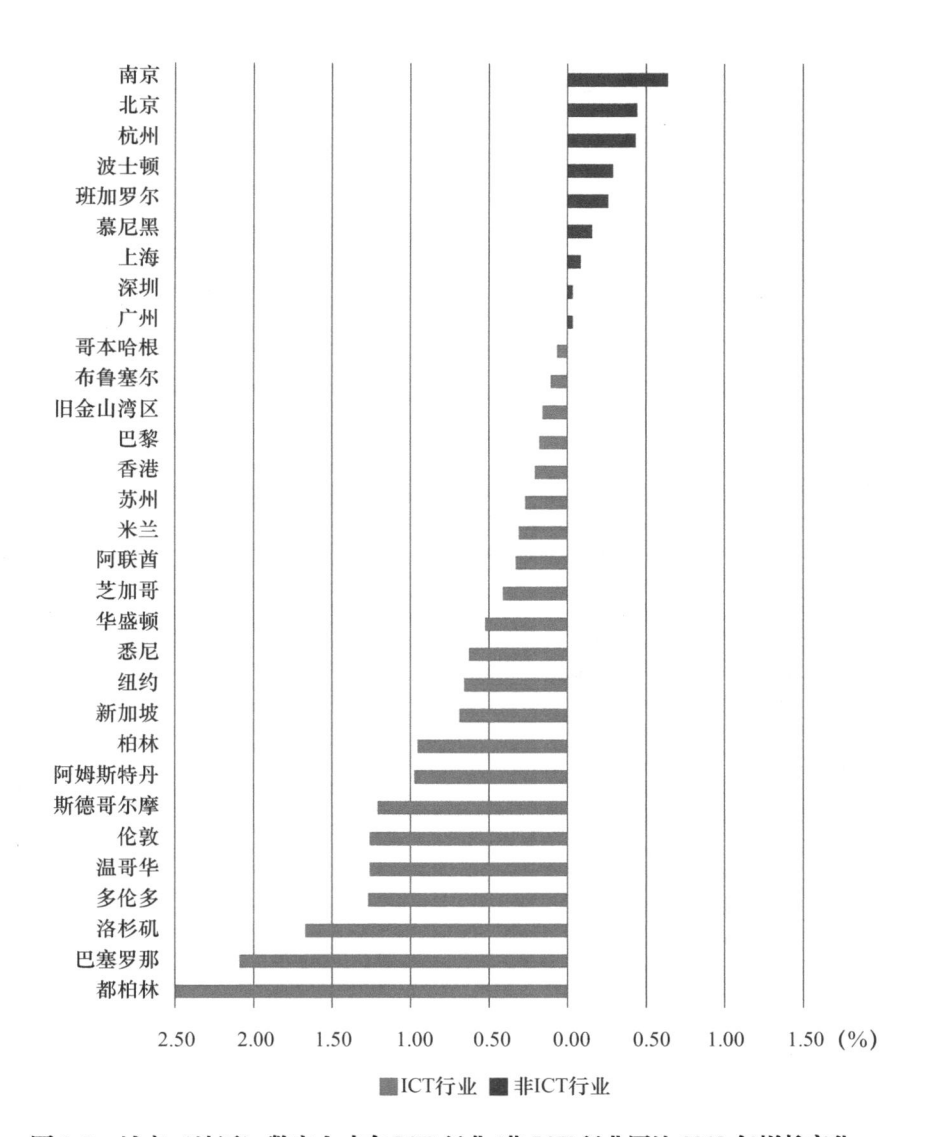

图 2.2　城市（地区）数字人才在 ICT 行业/非 ICT 行业同比 2019 年增长变化

进一步对 31 个城市具体行业的数字人才分布情况进行分析，并对比了 2019 年和 2020 年的情况。如图 2.3 所示，软件与 IT 服务业、制造业、金融业是三大数字人才引领型行业，其中软件与 IT 服务业数字人才分布占比均超过 20%。公共服务业、消费品业、教育业、医疗业、媒体通信业、计算机网络与硬件业位列第二梯队，数字人才分布占比为 4%—8%，为这些传统行业的数字化转型奠定了坚实的人才基础。娱乐业、旅游度假业、零售业、非营利业、设计业、公共管理业、建筑业、交通物流业、能源矿产业、房地产业数字人才占比在 4% 以下，处于第三梯队。对比 2019 年和 2020 年的数据可以发现，软件与 IT 服务业和医疗业数字人才占比提升最为显著，反映出新冠疫情对两大行业的促进作用；金融业、公共管

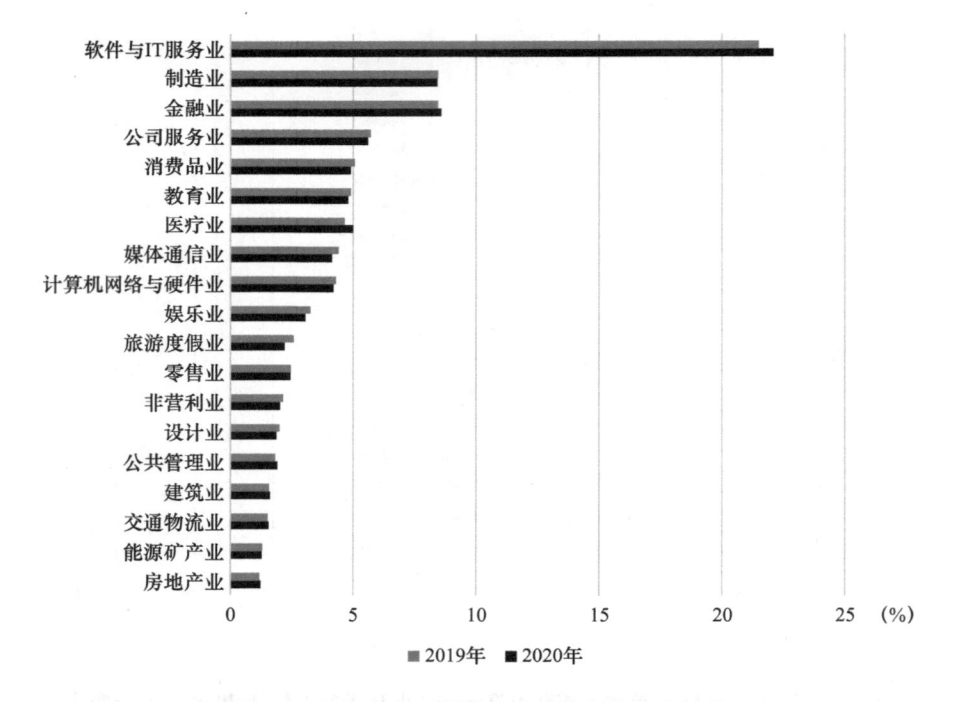

图 2.3　2019—2020 年数字人才的行业分布情况

理业也呈上升趋势，体现出全球金融数字化和公共服务数字化的不断迈进。反之，旅游度假、娱乐、公司服务、消费品、媒体通信等行业的数字人才占比呈现下降趋势，反映出新冠疫情下行业数字化转型减缓的风险。相比之下，娱乐、旅游度假等行业数字人才占比下降幅度较大，表明新冠疫情对这些行业将产生长期效应，而对公司服务、消费品、媒体通信等行业则产生短期效应。

二 重点行业的代表性城市

从前文分析可以看出，在全球代表性创新型城市中，数字人才主要集中在ICT行业，非ICT行业的数字人才则主要集中在制造、金融、消费品、公司服务四大行业。因此，我们选择ICT行业（软件与IT服务业和计算机网络与硬件业）和四大非ICT行业（制造业、金融业、消费品业和公共服务业），对比这些重点行业中前十个代表性城市（最具数字人才优势）数字人才的发展变化情况，如表2.1所示。从表2.1可以看出，各城市计算机网络与硬件业数字人才占比均呈下降趋势，这可能是近几年疫情冲击和产业结构调整导致的，同时表明ICT基础产业逐渐从普通硬件设备向软件集成服务转变。金融业排名前十的城市（地区）的数字人才占比大部分呈上升趋势，这可能是由于金融数字化是其他产业数字化的重要基础，数字化转型带来数字人才的聚集程度增加。从区域角度来看，近年来欧洲的数字化转型在不断加深，欧洲城市数字人才在软件与IT服务业、制造业的占比大幅增加。如在制造业，慕尼黑、米兰、巴塞罗那、布鲁塞尔的数字人才占比在增加，尤其是慕尼黑、柏林，不仅在软件与IT服务业、制造业数字人才占比增加，而且公共服务业排名进入前十。亚太地区特别是中国在ICT行业和制造业、消费品行业的数字人才占比下降，表明中国的数字人才正由传统优势行业向其他行业逐渐渗透，如上海在公共服务业排名中进入前十位。北美地区的数字人才主要向金融和其他非代表性行业渗透。

表2.1　重点行业数字人才占比最高的前十大城市　　单位：%

软件与IT服务业		计算机网络与硬件业		制造业	
城市名称	占比变化率	城市名称	占比变化率	城市名称	占比变化率
班加罗尔	-0.17	深圳	-2.01	苏州	-4.08
杭州	-0.56	南京	-4.98	慕尼黑	3.92
北京	-0.41	苏州	-1.15	上海	-4.15
旧金山湾区	-0.96	旧金山湾区	-2.20	深圳	-6.91
都柏林	9.90	上海	-1.94	南京	-4.22
柏林	3.69	杭州	-3.46	米兰	13.56
南京	-0.23	班加罗尔	-2.77	广州	-3.93
慕尼黑	1.46	新加坡	-1.96	巴塞罗那	-11.46
华盛顿	2.65	北京	-5.60	巴黎	0.31
新加坡	3.58	慕尼黑	-9.83	布鲁塞尔	4.59
金融业		消费品业		公共服务业	
城市名称	占比变化率	城市名称	占比变化率	城市名称	占比变化率
香港	2.37	深圳	-5.58	伦敦	-4.16
多伦多	7.78	广州	-6.36	米兰	-2.45
伦敦	-7.19	米兰	-2.93	阿姆斯特丹	-5.74
纽约	0.20	香港	-3.48	巴黎	0.22
悉尼	6.59	巴塞罗那	-1.72	布鲁塞尔	-4.40
新加坡	2.29	旧金山湾区	-0.48	阿联酋	-6.71
芝加哥	1.89	洛杉矶	-1.80	巴塞罗那	-2.54
都柏林	14.74	纽约	-3.17	慕尼黑	0.28
斯德哥尔摩	-5.79	阿姆斯特丹	6.70	柏林	0.92
巴黎	5.13	上海	-1.38	上海	3.78

三　全球数字人才发展的特征

（一）数字化转型依赖于行业发展水平

数字人才在ICT基础行业和ICT融合行业的重要性不断上升，

基于我们对31个全球创新城市的研究发现，总体来看数字人才在ICT融合行业的比重高于ICT基础行业。这个结果表明，数字化转型正在从ICT基础行业向传统行业延伸，包括制造、医疗、金融、公司服务、消费品、教育和媒体通信等行业。

数字人才的行业分布可以反映出一个城市经济发展的侧重点，例如，香港、伦敦、纽约作为全球金融中心，金融行业的数字人才比重高于其他城市，深圳和广州作为全球重要的商业和创新中心，其消费品行业的数字人才比重非常高。从这些结果可以看出，城市的数字化转型依赖于该地区已有的行业优势。数字化转型进程与所在地区的资源禀赋、产业优势紧密相关。在优势行业推动数字化转型，更有利于数字化基础设施建设，数字化生态系统构建，从而有利于经济数字化转型。

（二）新冠疫情扩大行业数字化转型差距

新冠疫情虽然给数字经济发展带来重大机遇，但并未惠及所有行业的数字化转型。通过对数字人才的分析发现，疫情之后软件与IT服务业和医疗业数字人才占比显著提升，而旅游度假、媒体通信、消费品和公司服务四大行业的数字人才占比均出现较大降幅。这反映了疫情之后不同行业在数字化转型方面存在差距扩大的风险，行业发展的不平衡将对相关就业带来不利影响，使这些行业对数字人才的吸引力降低，以及数字技能培养的落后。如何帮助受疫情冲击严重的行业推进数字化转型，加强数字人才和数字技能的培养，是未来政策需要关注的重点。

第三章

中国数字人才的发展态势

第一节 中国数字人才供需状况及分布结构

一 ICT行业的数字人才

(一) 官方就业统计数据分析

各国官方统计体系从20世纪八九十年代就开始追踪ICT行业的就业情况,在中国的官方就业统计数据中,与数字人才相关的就业统计主要包括两个部门:(1) 制造业部门下的计算机、通信和其他电子设备制造业;(2) 信息传输、软件和信息技术服务业,具体又包括三个细分行业,即电信、广播电视和卫星传输服务业、互联网和相关服务业以及软件和信息技术服务业。本书以上述四个行业为基础,测算官方统计体系下ICT行业数字人才的规模和分布情况。

如图3.1所示,2012—2017年,ICT行业的数字人才整体呈上升趋势,2016年出现小幅下降。对于四个行业来说,计算机、通信和其他电子设备制造业的就业人数在2012—2013年大幅上升,之后五年缓慢下降;电信、广播电视和卫星传输服务业呈类似趋势,先升后降,但幅度更小;软件和信息技术服务业的就业人数一直呈缓慢上升趋势;互联网和相关服务业的就业规模最小,变化也比较平稳。

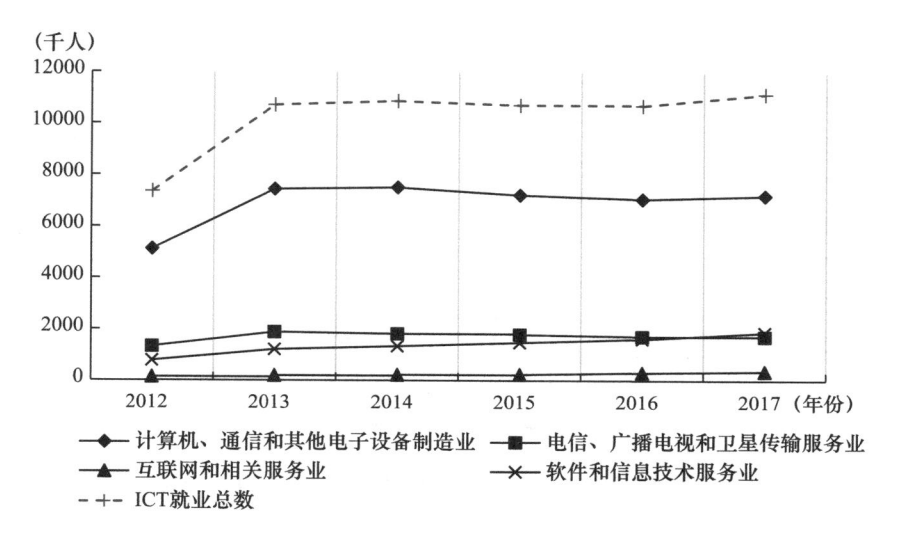

图 3.1 2012—2017 年中国 ICT 行业数字人才的就业人数及增长趋势（官方统计数据）

基于美国、加拿大、英国统计部门公布的就业数据①，我们同样分析了 2012—2017 年这三个国家 ICT 行业数字人才的增长情况（如图 3.2 所示），并将其与中国进行对比。总体来说，各国 ICT 行业的数字人才都呈现增长趋势，但中国的增速要略快于英国、美国、加拿大三国，特别是在 2012—2013 年，中国的增长非常明显。不过，2013—2016 年，中国 ICT 行业的就业人数出现小幅下降，对比图 3.1 可以发现，下降主要来自 ICT 制造部门，而电信、软件、互联网等 ICT 服务部门的就业人数一直保持增长。

在官方统计数据分析基础上，我们又收集了领英（LinkedIn）

---

① 美国的数据来源于 US Bureau of Labor Statistics, Output and Employment Data Base；英国的数据来源于 Office for National Statistics, EMP 13 Employment by Industry；加拿大的数据来源于 Innovation, Science and Economic Development Canada 机构发布的"Canadian ICT Sector Profile"；中国的数据来源于中国国家统计局《中国人口与就业年鉴》。

(千人)

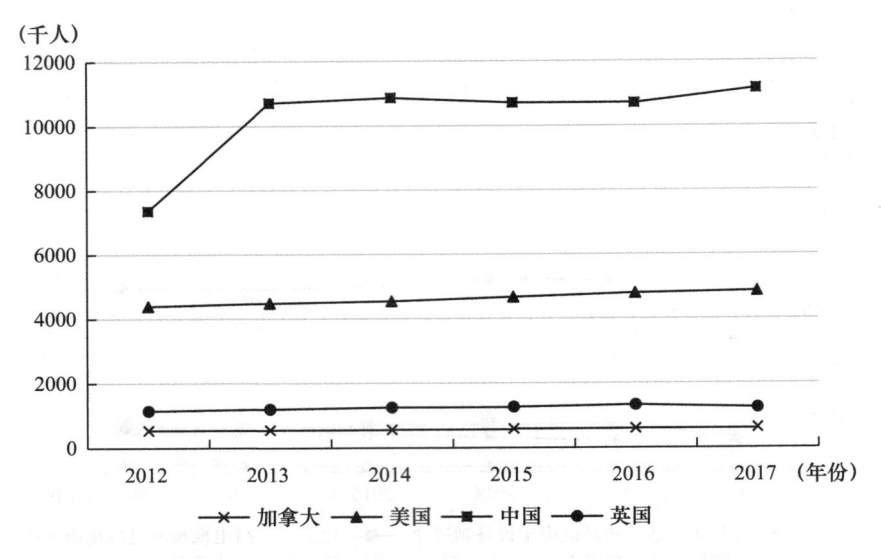

图 3.2　2012—2017 年部分国家专业型 ICT 行业劳动力增长比较

人才大数据，据以对 ICT 行业的就业趋势进行交叉验证和进一步分析，相关数据来自世界银行与领英公司合作的公开数据项目。相较亚洲地区，领英平台在欧美拥有更多的用户，2019 年的最新统计显示，领英平台在欧洲拥有 2 亿多用户，在美国拥有超过 1.63 亿用户（占美国总人口的一半以上），在中国有 4800 万用户[①]。虽然领英平台上的数字人才只占中国整体数字人才的一小部分，但涵盖了大量国际化的高技能数字人才，具有较高的代表性。我们基于该数据库中的产业就业增长数据，选取了计算机硬件、计算机软件、计算机网络、互联网、半导体等 11 个 ICT 细分行业，对中国、美国、日本、英国和德国五个国家的就业增长进行了对比，如表 3.1 所示。研究发现，与其他四国相比，2015—2018 年，中国有更多的 ICT 细分行业表现出就业负增长。2015 年，除互联网和无线行业

---

① 数据来源于领英公司官方网站的信息发布平台 LinkedIn Newsroom，参见 https：//news.linkedin.com/about-us#statistics。

外，中国其他 ICT 细分行业的就业增长率均为负；但是 2015—2018 年，中国各 ICT 细分行业就业增长率在不断提升，而美国、日本、德国的大部分细分行业就业增长率都出现下降趋势。

表 3.1　　　　部分国家 ICT 细分行业就业增长率变化　　　　单位：%

行业	中国 2015年	中国 2018年	美国 2015年	美国 2018年	日本 2015年	日本 2018年	英国 2015年	英国 2018年	德国 2015年	德国 2018年
计算机硬件	-0.61	-0.52	-1.84	1.30	-1.18	0.58	-2.47	1.48	1.49	0.74
计算机软件	-0.67	0.18	4.89	2.68	2.01	2.93	2.54	3.80	6.62	3.22
计算机网络	-4.39	-1.87	3.25	-1.27	-2.56	-1.91	2.29	-1.38	6.45	2.07
互联网	3.78	1.96	7.94	4.12	4.35	2.05	4.19	3.38	7.83	1.91
半导体	-0.57	0.10	2.68	-0.07	-0.93	1.46	-2.54	-0.18	4.95	2.06
电信	-1.11	-0.44	0.38	-1.19	0.44	-0.92	-1.11	-0.69	2.16	0.08
信息技术服务	-1.37	-0.10	4.14	0.12	2.32	0.95	2.76	0.23	7.16	2.91
电脑游戏	-1.65	-1.03	0.57	0.07	2.72	1.95	0.13	2.00	-0.84	-3.12
网络媒体	-1.12	-1.63	1.38	-0.33	4.76	1.46	0.82	2.42	5.00	1.40
网络安全	-1.10	-0.97	9.39	3.57	9.03	5.39	5.44	0.26	8.11	2.47
无线	1.17	-1.28	-1.65	-3.98	-0.95	-3.21	13.14	3.08	7.11	2.67

（二）ICT 行业数字人才的区域分布状况

在趋势变化基础上，我们进一步分析中国 ICT 行业数字人才的区域分布情况。如图 3.3 所示，ICT 行业数字人才在区域分布上非常集中。以 2015 年为例，广东、江苏、北京、上海、河南、四川、山东、浙江、福建、湖北十个省市占整体专业型数字人才的 80% 以上，其中，广东、江苏、北京、上海就占到了近 60%，呈现明显的区域性失衡特征。

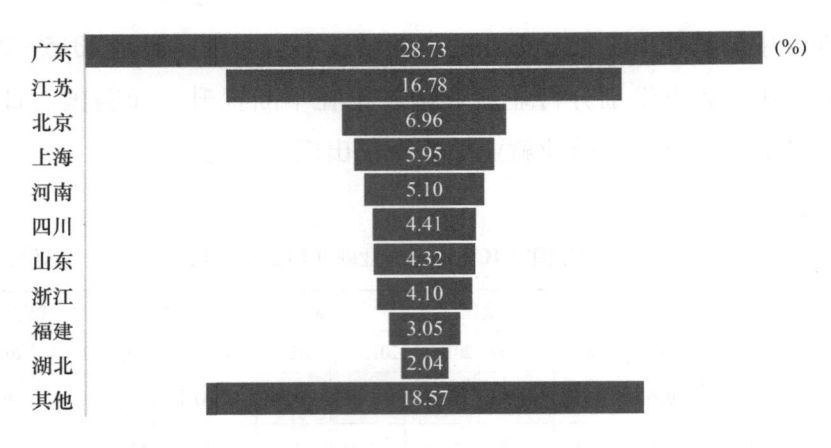

地区	占比(%)
广东	28.73
江苏	16.78
北京	6.96
上海	5.95
河南	5.10
四川	4.41
山东	4.32
浙江	4.10
福建	3.05
湖北	2.04
其他	18.57

图 3.3　2015 年中国 ICT 行业数字人才的区域分布

（三）ICT 行业数字人才细分行业分布状况

虽然不同国家行业分类所依据的标准不同，如欧盟为 ISIC 标准、北美为 NAICS 标准，而中国则是《国民经济行业分类》；但是不同标准下 ICT 行业所包含的内容大致相同，主要包括 ICT 制造和 ICT 服务两大类，具体包括 ICT 制造、软件、电信、互联网、信息服务业等细分行业。表 3.2 归纳了中国与部分 OECD 经济体（韩国、日本、英国、美国、加拿大、德国）经济体以及 OECD 整体的 ICT 行业的就业情况，除中国以外其他国家数据均来自 OECD 的统计数据[1]。中国的数据来自《中国人口与就业统计年鉴 2016》，其中，软件业的就业人数包含在互联网和信息服务业内。另外，因统计限制，计算 ICT 行业的就业人数占比时只考虑了城镇就业人口。通过对比可以看出，中国在 ICT 制造业的就业人数占比远远高于 OECD 平均水平，也高于表 3.2 中的大部分国家，仅次于韩国。然而，由于互联网和信息服务业的就业人数占比最低，使得中国 ICT 行业整体的就业人数比重明显低于表 3.2 中所列其他国家。

---

[1] OECD, "Key ICT Indicators, Growth of Employment in the ICT Sector and its Sub-Sectors in the OECD Area", https://www.oecd.org/internet/ieconomy/oecdkeyictindicators.htm.

表 3.2　　　2015 年中国与部分 OECD 经济体及其整体的
ICT 行业就业分布情况　　　　单位：%

	ICT 制造业	软件业	电信业	互联网和信息服务业	未区分的 ICT 服务业	合计
韩国	2.4	0.92	0.5	0.8	—	4.63
日本	1.03	—	—	—	2.77	3.8
英国	0.37	0.05	0.72	2.33	—	3.46
美国	0.37	0.37	0.94	1.44	—	3.11
加拿大	0.28	0.22	0.68	1.82	—	3
德国	0.8	0.04	0.29	1.76	—	2.89
OECD	0.64	—	—	—	2.35	2.99
中国	1.79	—	0.44	0.42	—	2.65

（四）ICT 行业数字人才供需趋势

现有官方统计数据主要是针对数字人才的供给，缺乏数字人才需求的相关数据。随着网络招聘平台成为主流求职渠道，其汇聚的求职和招聘数据成为获取劳动力供需变化的一个重要途径。中国人民大学中国就业研究所与智联招聘平台合作，基于智联招聘的求职大数据构建了中国就业市场景气指数（CIER）。CIER 是市场招聘需求人数与求职申请人数的比值，指数大于 1 表明就业市场中劳动力需求多于市场劳动力供给，就业市场景气程度高；指数小于 1 表明劳动力需求小于供给，就业市场景气程度低[①]。本书基于就业市场景气指数相关数据[②]，对 2012—2017 年中国互联网/电子商务业、计算机软件业和 IT 服务业的劳动力供需趋势进行了分析（如图 3.4 所示），这几个行业很大程度上可以反映出专业型数字人才的整体

---

① 耿林、毛宇飞：《中国就业景气指数的构建、预测及就业形势判断——基于网络招聘大数据的研究》，《中国人民大学学报》2017 年第 6 期。

② 曾湘泉主编：《中国就业战略报告 2015——金融危机以来的中国就业季度分析》，中国人民大学出版社 2015 年版。

供需情况。分析显示，ICT 相关行业的就业市场景气指数都显著高于整体水平，需求远大于供给，供需失衡状况突出。从 2013 年第三季度开始，互联网/电子商务业的劳动力需求出现显著增长，长期处于供小于求状态，最高时达到近 12∶1，2015 年 CIER 出现短暂回落，之后继续升高。计算机软件业和 IT 服务业也表现出供小于求的态势，但程度略低于互联网/电子商务业。

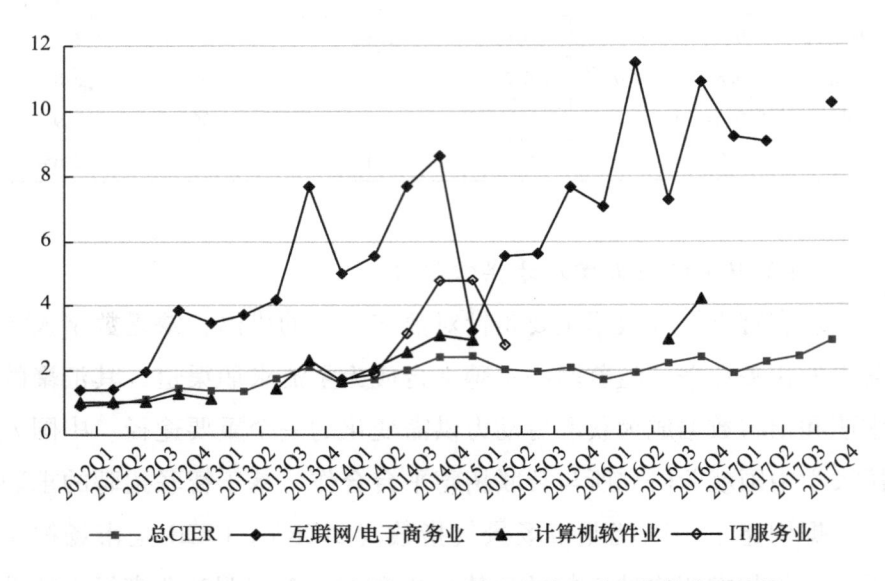

图 3.4 2012—2017 年中国 ICT 相关行业就业景气指数变化趋势

二 ICT 行业以外的数字人才

（一）非 ICT 行业数字人才的分布情况

在领英数字人才数据库中，非 ICT 行业的数字人才大约占 53.4%，我们进一步计算了数字人才在这些行业所占比例。如图 3.5 所示，中国数字人才在行业分布上具有高度集中特征。2016 年，近 80% 的数字人才集中分布于制造业、金融业、消费品业、医疗业、企业服务业。其中，占比最高的是制造业，占比约 40%，超过了金融业、消费品业、医疗业、企业服务业的合计占比。

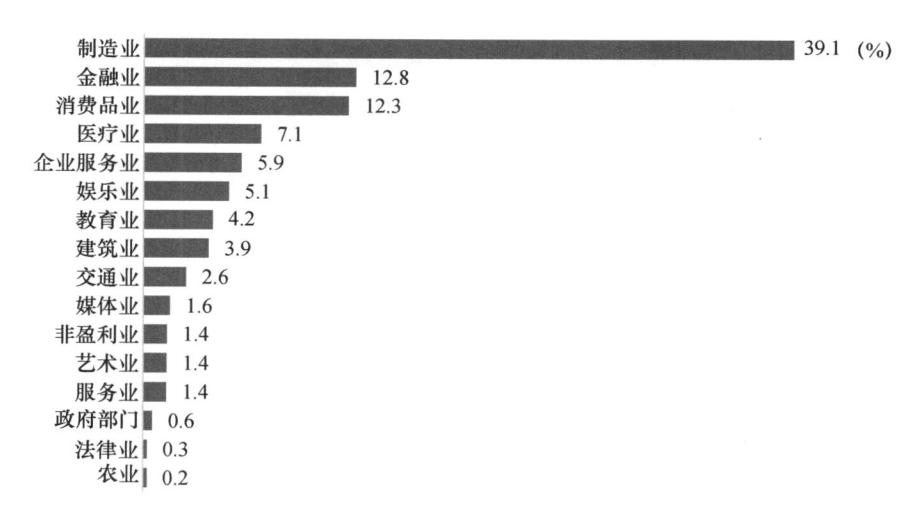

行业	比例(%)
制造业	39.1
金融业	12.8
消费品业	12.3
医疗业	7.1
企业服务业	5.9
娱乐业	5.1
教育业	4.2
建筑业	3.9
交通业	2.6
媒体业	1.6
非盈利业	1.4
艺术业	1.4
服务业	1.4
政府部门	0.6
法律业	0.3
农业	0.2

图 3.5　2016 年中国非 ICT 行业的数字人才分布

（二）中美加复合型数字人才行业分布对比

美国和加拿大的官方统计体系在复合型数字人才统计上比较超前，已经尝试将非 ICT 行业中的 ICT 工作者纳入统计范畴。基于 BEA 公布的数字经济相关就业数据，我们分析了非 ICT 行业中的数字经济就业规模，这在很大程度上可以反映出美国非 ICT 行业数字人才在行业层面的就业结构。如图 3.6 所示，2015 年，美国 ICT 行业之外的数字人才主要集中在专业和技术服务业，其次分布在制造、贸易、教育等行业，各行业就业比重差距较大。专业和技术服务业包含了计算机系统设计、科学研究、技术咨询等细分行业，美国复合型数字人才的就业分布显示出很强的研究导向。加拿大的数据来自其国家统计局，图 3.7 呈现了 2015 年非 ICT 行业的数字人才就业比重。与美国相似，加拿大 ICT 行业之外的数字人才也主要集中在专业和技术服务业，其次分布在公共部门、金融、制造等行业，除专业和技术服务业外，其他行业的就业比重差距不大，而且有较高比例的数字人才就职于公共部门。

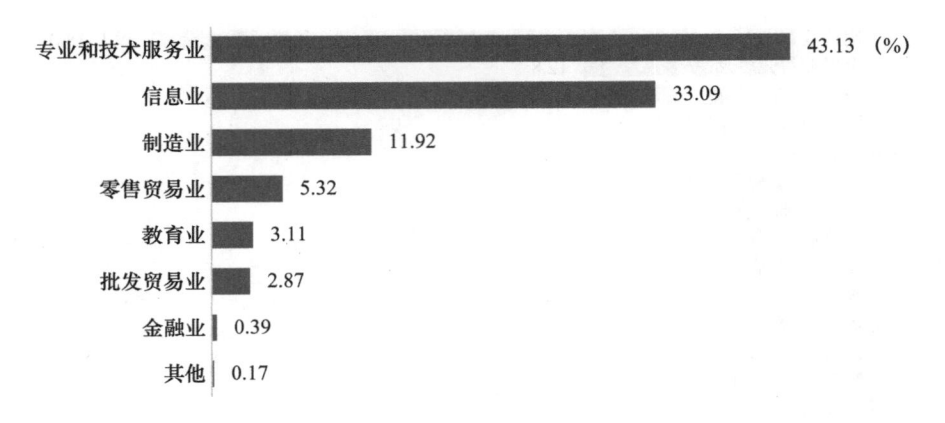

```
专业和技术服务业                43.13  (%)
信息业                    33.09
制造业           11.92
零售贸易业     5.32
教育业       3.11
批发贸易业   2.87
金融业     0.39
其他       0.17
```

图 3.6　2015 年美国 ICT 行业的数字人才就业比重

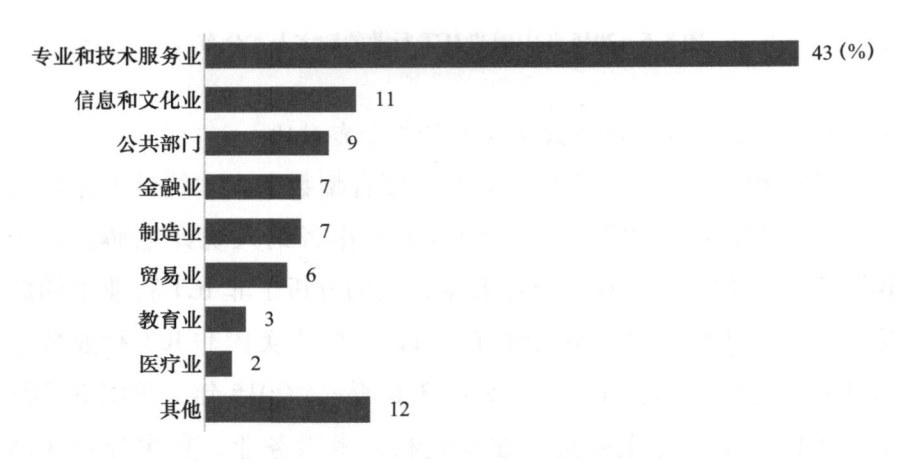

```
专业和技术服务业                43 (%)
信息和文化业         11
公共部门            9
金融业            7
制造业            7
贸易业           6
教育业     3
医疗业     2
其他             12
```

图 3.7　2015 年加拿大非 ICT 行业的数字人才就业比重

对比中国、美国、加拿大三国数据可以看出，在非 ICT 行业中，中国的数字人才主要集中在制造、金融和消费品等行业，与美国、加拿大相比在行业分布上表现出很大差异。其中，在公共部门、专业和技术服务业的就业比重更是远低于美国和加拿大。

（三）ICT 顶尖人才供给状况

数字经济是以知识和技术为核心驱动的经济形态，其发展和创新需要相关前沿技术领域的研究型人才特别是顶尖人才从源头去推动。中国的数字人才虽然规模较大，但是与美国、欧洲等国家相比，在 ICT 顶尖人才储备上仍有很大差距。

以数字经济前沿领域的人工智能为例，领英中国的一项研究显示，美国的人工智能从业者数量在 85 万人以上，印度为 15 万人，英国为 14 万人，而中国只有 5 万多人[①]。除了数量方面的差距，中国在 ICT 顶尖人才培养上也严重滞后。2019 年美国智库"数据创新中心（Center for Data Innovation）"发布了一份人工智能研究报告，从研究、开发、应用、数据、硬件、人才六个方面对美国、欧盟和中国的人工智能发展现状进行了比较[②]。该报告指出美国的优势表现在 AI 领域的高质量研究、硬件（特别是芯片）的技术领先、AI 初创企业数量多，以及从全球吸引了大量的 AI 人才。欧盟同样在 AI 高质量研究和 AI 人才培养上具有明显优势。中国在 AI 领域的优势主要体现在数据和商业化应用，但是在高质量研究、AI 人才方面均落后于美国和欧盟。该报告还对 AI 人才的培养进行了探讨，分析了 2018 年在 21 个 AI 顶级学术会议发表论文的研究者的教育背景，发现有 44% 的研究者在美国取得博士学位，21% 在欧盟，在中国的只有 11%。

第二节　数字人才供需状况的主要特征和问题

一　中国数字人才供需状况的主要特征

2012 年以来，伴随新一代信息技术对经济社会的不断渗透和商业化应用，中国数字经济呈现蓬勃发展态势，各地区各行业对数字人才的需求急剧增长，数字人才的缺口不断扩大，且呈现较为明显

---

① 领英中国智库：《全球 AI 领域人才报告》，2017 年 7 月。
② Castro D., Mclaughlin M. and Chivot E., "Who is Winning the AI Race: China, the EU or the United States", *Center for Data Innovation*, Vol. 19, 2019.

的结构性失衡状况，与欧洲、美国等发达国家相比，在规模、渗透率、顶尖人才、人才培养等方面存在不足和差距，具体表现为以下方面。

第一，数字人才规模较大，但在整体就业中的比重偏低。从 ICT 行业数字人才的就业比重来看，中国明显低于美国、英国、加拿大、德国、韩国和日本等 OECD 国家。

第二，2013 年以来，ICT 行业数字人才增长速度明显放缓。其中，互联网和软件业的就业人数增长缓慢，而 ICT 制造业（计算机通信和其他电子设备制造业）和电信业（电信、广播电视和卫星传输服务业）的就业人数则出现负增长。在大力推进制造业数字化转型和工业互联网发展的大背景下，这样的趋势潜藏着较大危机。

第三，ICT 行业的数字人才分布存在明显的区域性失衡。超过80%的数字人才集中在前十位省市，其中，近60%的数字人才分布在广东、江苏、北京和上海四省市，整体呈现"南强北弱"的态势。

第四，ICT 行业之外的数字人才在行业分布上也存在一定的结构性失衡。尽管现有官方统计体系中缺乏对这类数字人才的统计，但从其他数据来源来看，ICT 行业之外的数字人才主要集中在制造业、金融业、消费品业和医疗业，其中在制造业的就业比重最高。与美国、加拿大等国相比，这类数字人才中研究部门和公共部门的占比明显偏低。

第五，ICT 相关领域研究人才特别是顶尖人才供给不足。数字经济的发展和创新需要相关前沿技术领域的研究型人才特别是顶尖人才从源头去推动。以目前关注度最高的人工智能领域为例，中国现有的研究型人才特别是顶尖人才数量远远不能满足发展的需要。

二 中国数字人才供需失衡的原因分析

从前文的实证分析可以看出，中国数字人才供需缺口有不断扩大趋势，且呈现较为明显的结构性失衡状况。新一轮科技革命和产业变革同中国超大规模市场优势相结合，带来了以消费互联网为代表的新经济、新业态的超常规增长，数字人才供需缺口扩大在某种意义上可以看作快速发展中的正常现象。然而，数字人才结构性失衡日益突出的问题，在长期中必然会对数字经济发展产生负面影响，应当引起重视。结构性失衡背后既有数字经济快速发展的客观原因，也有政府部门、劳动者自身未能有效洞察的主观原因，具体可以归结为以下五个方面。

第一，供需缺口不断扩大趋势下，人才争夺必然导致数字人才分布的结构性失衡。由于数字技术向传统产业渗透速度过快，国内大多数行业和区域都没有足够的数字人才储备，人才引进成为短期内最有效的手段。然而，在数字人才总量有限的背景下，人才引进策略必然演化为不同城市、不同行业间的人才争夺，大城市和一些更具吸引力的行业在争夺中处于优势地位，并由此带来数字人才在区域和行业层面的结构性失衡。

第二，超级互联网企业凭借垄断优势占据技术市场制高点，加剧了数字人才分布的结构性失衡。近年来，数字经济领域以大型互联网平台为代表的超级企业，其垄断特征日益明显。这些超级企业占据着技术和市场的制高点，相比于中小企业对数字技能人才有更强的吸引力，加剧了数字人才在区域和行业层面的集中度。与此同时，超级企业内部分工细，容易把劳动者的技能简单化，从而割裂了技术渗透，不利于复合型人才的培养。

第三，数字人才在ICT行业和非ICT行业间的流动性低，大数据与实体经济的融合在劳动力层面存在壁垒。消费互联网的成功，强化了企业乃至全社会的路径依赖，无论薪资还是就业岗位，都向这些领域倾斜，导致非 ICT 行业的高技能劳动力供给不足。中低技能劳动力也表现出类似趋势，消费互联网相关行业的吸引力远大于传统行业。

第四，在数字人才培养上，传统教育体系的发展跟不上技术变革的速度，特别是在数字技能和新兴技能的教育和培训方面明显落后于业界。虽然很多传统岗位的就职者具有提高数字技能的热情，但是很难找到有效的培训渠道和学习机会，许多社会培训项目价格昂贵，加上时间难以保证，质量和效果并不尽如人意。虽然高等教育和职业教育体系都做出适应性的调整和改变，但依然跟不上技术变革的速度，特别是在技术应用方面，学校教育和业界要求差距很大，而社会培训难以填补缺口。

第五，劳动者的观念尚未改变，自主学习意识不足。传统观念上随着时间的积累，工作经验会更加丰富，工作能力会更突出。而数字经济时代对劳动者的思维和技能都提出了更高要求，技术的更新日新月异，需要及时学习补充相关知识才能满足工作的要求，终身学习将逐渐成为常态。

第三节　数字人才供需失衡的影响与应对建议

一　中国数字人才供需失衡的潜在影响

2008 年国际金融危机后，中国数字经济抓住了消费互联网高速发展的时代机遇，无论是总量规模还是模式创新，都实现了从"追随者"到"并跑者"乃至"引领者"的转变。然而，数字人才供给方面存在的诸多结构性失衡，从长期来看将会对中国数字经济的发展潜力带来负面影响，具体来说，表现在以下三个方面。

第一，扩大区域数字鸿沟。数字人才区域分布的不平衡将带来新的数字鸿沟问题,在基础设施数字鸿沟不断改善的情况下,数字人才在区域层面的结构性失衡将制约数字包容性的发展,进而加剧区域间数字经济发展的不平衡。而数字技术原本有跨越物理、空间传播的既有优势,给传统经济落后地区的后发赶超带来重大机遇。但是这种发展机遇正在受到数字人才供给不足的制约,唯有缓解乃至消除数字人才供给上的失衡,才有望在数字经济领域实现区域间协同发展,进而缩小区域间整体的经济差距,切实实现均衡发展。

第二,迟滞传统产业数字化转型。数字人才在行业层面的结构性失衡为传统产业的数字化转型前景带来负面影响。产业数字化已经逐渐成为数字经济发展的"主战场",复合型数字人才的不足将对数字经济发展潜力产生很大制约。以制造业为例,我们在同部分国有企业的交流中了解到,虽然大型制造业企业普遍认识到智能化改造的必要性,但是在平台投入使用方面仍有诸多顾虑,其中最大的顾虑是数字技能人员配备不足。与此同时,当前无论是大型制造企业还是中小制造企业,都面临不同程度的"招工难",许多企业希望通过自动化和数字化来解决一线工人不足的问题,但是企业内部缺乏信息化和数字化人才,只能对外寻求供应商;而对于众多分散在三、四线城市及县乡的企业来说,大多数情况下根本无法在当地或周边地区找到合适的供应商。这种情况广泛存在于石化、建筑、医疗等传统行业。

第三,制约数字经济颠覆性创新。顶尖人才和研究人才的不足对数字经济领域的激进式、颠覆性创新将带来很大制约。在以人工智能技术为代表的数字经济发展的前沿,顶尖人才的供给不足将降低激进式、颠覆性创新发生的概率,进而影响到前沿技术领域的国际竞争力。过去十多年中国从海外吸引了大量创新创业和研究人才,但当前人才引进的红利正在减弱,而人才培养的步伐跟不上需求增长的速度。

二 关于加强数字人才培养的建议

为缩小数字人才供需缺口，缓解区域产业分布结构性失衡，支撑数字经济健康发展，未来的人才和教育政策应当从以下方面做出改善。

第一，制定面向全民的数字技能提升计划，建立以需求为导向的人才培养机制。在人才政策实施的初期，尽可能多地吸引各领域人才是必要的，但是从长远发展来看，需要更加完善的机制来评估特定领域的劳动力就业现状和供需结构，识别劳动力技能短板，尤其是数字技能短板，进而在基础教育、高等教育、职业教育和社会培训方面有针对性地加强和完善人才培养和数字技能提升。

第二，促进高等教育机构、职业教育机构和企业的合作，重视实习，让企业（特别是互联网平台企业）更好地参与数字技能的培养中。在这方面新加坡政府的做法值得学习借鉴，新加坡教育部于2016年成立精深技能发展局，搭建了一个面向成人的技能学习平台，邀请企业在平台上发布课程、提供实习信息，并鼓励企业和高校联合开办课程，对于积极参与劳动力技能培训的企业，政府会制定有效的激励措施进行资助和补贴。

第三，创新产学研合作模式，在深度交流合作中培养高技能数字人才。行业内的高技能数字人才往往具有跨界知识背景和行业专属性等特征，是在研发和生产实践中不断成长起来的。因此，加快高技能数字人才的培养，有必要创新合作模式，为有潜质人员创造更多跨界交流合作机会。西门子通过建立流动工作室（Workspace）将人工智能人才、制造工程师、研发经理聚集在一起，在交流合作完成研发项目的同时，也培养了一批跨界的高技能人才，这种人才培养模式值得借鉴。

第四，加强中低技能劳动力的职业教育和就业保障，营造终身学习文化。近年来涌现出大量劳动力需求的快递、外卖、专车和电商运营等行业，企业需要花费大量的时间和成本培养中低端技能劳动者，让他们具备工作所需要的数字技能，这个步骤如果能在职业学院和大专院校完成会更好。因此，有必要在职业教育中加强新兴就业市场劳动者的数字技能培养，为新兴就业市场的年轻劳动者提供更好的就业保障。在文化教育和技能培训过程中，要强调终身学习的重要性，确立创建学习型社会（社区）的目标。

第 四 章

数字技能与国际竞争力比较

第一节　数字技能的概念和内涵

数字技能的概念与 ICT 的发展密切相关，其内涵随着技术的发展不断变化和拓展，主要用来描述个人使用 ICT 技术的知识和能力。与数字技能相关的概念还包括数字素养（Digital Literacy）、数字能力（Digital Competence）等，这些概念经常被当作同义词使用，但是在含义上具有一定区别。素养一般指某些能力和知识，技能是指这些能力和知识的更多技术方面，而能力主要指将知识和技能应用于不同环境的能力，例如工作或学习[1]。从这些概念的区别来看，数字技能更强调实践性，就现阶段 ICT 技术发展而言，数字技能主要指个人使用数字设备、通信应用、网络和在线媒介来获取、管理和利用数字资源的一系列知识和能力，以及基于此构建新知识、分享数字内容、创造媒体表达等方面的能力[2]。

---

[1] Iordache C., Mari E. N. I. and Baelden D., "Developing Digital Skills and Competences: A Quick-Scan Analysis of 13 Digital Literacy Models", *Italian Journal of Sociology of Education*, Vol. 9, No. 1, 2017.

[2] Omrane A., "Which Are the Appropriate Skills Needed for the Entrepreneurial Success of Start-ups in the Era of Digitalization?", *Developing Entrepreneurial Competencies for Start-Ups and Small Business*, IGI Global, 2020.

已有研究主要从两个角度对数字技能的内涵和范围进行界定，一个是根据数字技能的实践内容来划分，有学者从实践角度总结了六类数字技能，包括操作技能、正式技能、信息技能、战略技能、沟通技能和内容创作技能，前四类技能主要是指理解、操作及使用计算机、互联网软件、硬件的技能，以及搜索、选择和处理互联网、数字媒体内容等技能；沟通技能和内容创造技能与ICT技术发展的最新趋势紧密相关（例如社交媒体），主要指用户参与在线活动所需的技能，包括在线沟通策略、通过互联网创造和传播内容等实践技能[1]。另一个是从适用人群的角度对数字技能的内涵进行界定，例如欧盟将数字技能分为个人参与数字社会和消费数字商品和服务的基本使用技能，以及使劳动力开发新的数字商品和服务的高级技能[2]。个人的基本使用技能常常被理解为狭义的"数字素养技能"，即关于数字技术最基础的知识、态度和技能。劳动力的数字技能除了个人的基本使用技能，还包括工作场所需要的数字技能，通常与数字应用程序的使用有关，而对于从事ICT相关职业的劳动者来说，对工作所需的数字技能要求更高，包括与新技术、新产品和新服务开发有关的数字技能[3]。本书对数字技能概念内涵的理解参考了第二个角度，从劳动力数字技能的角度出发，对国家和城市的数字技能竞争力进行刻画和分析。

---

[1] van Deursen A. J., Helsper E. J., & Eynon R., "Development and Validation of the Internet Skills Scale (ISS)", *Information, Communication & Society*, Vol. 19, No. 6, 2016.

[2] European Commission, *Digital Economy and Society Index (DESI)*, 2020.

[3] Motyl B., Baronio G., Uberti S., Speranza D. and Filippi S., "How will Change the Future Engineers' Skills in the Industry 4.0 Framework? A Questionnaire Survey", *Procedia manufacturing*, Vol. 11, 2017.

第二节 数字技能发展与技能竞争力

数字技能不仅能帮助人们更好地适应数字化变革、分享数字经济发展红利，也是国家和地区打造数字经济竞争力的关键。许多国家都已经意识到发展数字技能的重要性，并致力于制定长期、全面的规划，并推动国民经济各部门的协调行动。美国于2015年提出"技能提升计划（Upskill American）"[①]，欧盟在2016年推出"欧洲新技能议程（New Skills Agenda for Europe）"，都致力于解决劳动力技能不匹配、新技能需求难以满足等问题。从相关计划的具体内容来看，数字技能开发是各国技能提升计划的重中之重，一方面是整体国民的数字技能开发，以帮助劳动者更好地适应数字经济时代的要求；另一方面是专业人才的数字技能开发，为了增强国家或地区数字经济发展的竞争力。

这些计划已经显示出初步的成效，从整体国民的数字技能发展来看，世界经济论坛发布的2018年全球竞争力指数（Global Competitiveness Index，GCI）显示，数字技能指标（通过问卷调查评估人口在多大程度上拥有足够的数字技能）排名前十的国家/地区中有6个来自欧洲（瑞典、芬兰、荷兰、冰岛、瑞士、爱沙尼亚），3个来自亚洲（新加坡、以色列、中国香港）。其中，瑞典排名第1，美国排名第2，而中国排名第45。在人口层面的数字技能竞争力上，中国与欧美发达国家具有一定差距。与G20国家相比，中国的排名居中，但落后于沙特阿拉伯、韩国等亚洲国家。2020年，新冠疫情的暴发给全球劳动力市场带来巨大冲击，对数字技能的发展也

---

① 技能提升计划（Upskill American）在奥巴马执政期间被提出，具体内容参见 https://obamawhitehouse.archives.gov/blog/2015/01/22/upskill-america-presidents-plan-help-hardworking-americans-earn-higher-paying-jobs。

产生重要影响，越来越多的国家意识到数字技能竞争力的重要性，但新冠疫情也造成了国家间数字技能差距的扩大。欧盟2022年发布的数字经济和社会指数（DESI）报告显示，54%的欧洲人口拥有基本的数字技能，但各国之间存在明显的差异，荷兰、芬兰等国的这一比例高达79%，波兰、意大利等国家则低于50%。

在劳动力层面的数字技能发展上，现有研究主要关注技术变革和数字化转型所带来的劳动力数字技能短缺以及技能不匹配问题，针对数字技能区域竞争力的研究较少，欧盟的DESI指数虽然对不同国家的劳动力数字技能发展情况进行追踪，但主要是观察拥有专业或高级数字技能的就业人数在总就业人数中的比重，没有考虑具体技能的发展特征，而且只局限于欧盟成员国。世界银行自2017年开始对行业数字技能发展趋势进行跟踪研究，构建了技能渗透率指标和测算方法对数字技能在不同行业的渗透情况进行刻画[1]。近年来，物联网、云计算、大数据、纳米技术、人工智能等前沿数字技术引发了一系列颠覆性商业创新，与这些颠覆性技术相关的数字技能发展也受到越来越多的重视，世界银行构建的技能渗透率指标也对颠覆性数字技能（Disruptive Tech Skills）[2] 在不同行业的渗透情况进行分析。还有研究针对个别领域的颠覆性技能发展进行了区域对比和研究，例如人工智能技术相关技能[3]。

整体来看，已有研究对数字技能竞争力的比较和探讨主要

---

[1] Zhu T. J., Fritzler A. and Orlowski J. A. K., *World Bank Group-LinkedIn Data Insights: Jobs, Skills and Migration Trends Methodology and Validation Results*, Washington, D. C.: World Bank Group, 2018.

[2] 世界银行将行业技能划分为五大技能组：商业技能（Business Skills）、软技能（Soft Skills）、基础性数字技能（Tech Skills）、颠覆性数字技能（Disruptive Tech Skills）和行业专业技能（Specialized Industry Skills），颠覆性数字技能主要指当前最前沿的数字技能，如人工智能、基因工程等。具体内容参见 https://linkedindata.worldbank.org/data。

[3] Castro D., Mclaughlin M. and Chivot E., "Who is Winning the AI Race: China, the EU or the United States", *Center for Data Innovation*, Vol. 19, 2019.

集中在整体人口层面，缺乏对劳动力数字技能竞争力，特别是颠覆性数字技能发展趋势以及竞争力的关注。本书将在探讨劳动力基础数字技能发展和竞争力问题的同时，也对前沿领域的颠覆性数字技能展开分析。具体来说，本书通过对比研究全球重点城市劳动力在数字技能发展上的差异和竞争力情况，分析中国和其他国家在数字技能（包括基础数字技能和颠覆性数字技能）方面的优劣势，进而为中国未来数字技能培养和数字经济发展提供参考和建议。

第三节 全球数字技能竞争力比较

大数据、人工智能等技术引发的是有技能偏见的技术变革，更多地惠及高技能劳动者以及技能相对丰富的国家和地区，导致经济活动和人才向技术型城市集中[1]。例如在欧洲，新一代信息通信技术的发展给高技能工人创造了更多的就业机会，这些人聚集在伦敦、慕尼黑、斯德哥尔摩等技术型城市[2]。针对中国的研究也发现，拥有数字技能的人才主要集中在北京、上海、深圳、广州等一线城市[3]。鉴于数字技能人才地理分布的上述特点，本书从城市的角度对数字技能发展情况进行研究，以全球重点城市为研究对象，从行业渗透性、技能多样性和技能竞争力三个角度分析数字技能的发展趋势和区域特征。

---

[1] O. Rourke K. H. O. J., Rahman A. S. and Taylor A. M., "Luddites, the Industrial Revolution, and the Demographic Transition", *Journal of Economic Growth*, Vol. 18, 2013.

[2] Berger T. and Frey B., *Digitalisation, Jobs and Convergence in Europe: Strategies for Closing the Skills Gap*, Oxford Martin School Oxford, 2016.

[3] 陈煜波、马晔风：《数字化转型：数字人才与中国数字经济发展》，中国社会科学出版社2020年版，第52页。

一 数据与样本代表性分析

现有的官方就业统计数据难以支持跨国别及多维度的人才和技能分析,本书的数据来源于全球职场社交平台领英(LinkedIn)。该平台汇聚了大量来自全球的科研、管理、技术和商务领域的用户,其人才样本在知识密集型行业有很强的代表性,且能够从多个维度呈现技术类人才的特征,包括人才所属行业、教育背景、掌握的技能,等等。

领英的数据在人才研究中有很好的代表性,有研究将领英的数据样本和国际劳工组织(ILO)的劳动力样本进行了对比,分析了领英人才大数据在性别、年龄、行业和区域等方面的代表性并对结果进行了检验[1]。结果显示,领英数据在知识密集型行业、可贸易部门和高技能劳动力群体的代表性最好;在年龄分布上,领英数据偏向于年轻群体,接近50%的用户集中在25—34岁年龄段;在性别分布上,领英数据与国际劳工组织的劳动力样本相比差异并不显著;在行业分布上,领英会员分布最多的六个行业分别是:信息通信行业、科研技术行业、采矿业、金融保险业、艺术娱乐行业和制造业,与国际劳工组织的劳动力数据相比,领英数据在这些行业也具有较强的代表性;在区域分布上,整体来看,领英数据在高收入和中高收入国家具有更好的代表性,且在基于区域的年龄、性别等方面的分析都表现出类似的特点。

综合考虑领英数据在不同国家和地区的用户规模、区域代表性和行业代表性,本书主要选择高收入和中高收入国家(及地区)的城市与中国城市进行比较研究。领英平台对用户数字技能的标注主

---

[1] Zhu T. J., Fritzler A. and Orlowski J. A. K., *World Bank Group-LinkedIn Data Insights: Jobs, Skills and Migration Trends Methodology and Validation Results*, Washington, D. C.: World Bank Group, 2018.

要参考了欧盟和世界银行的技能分类标准,包括数字素养技能、劳动力基础数字技能和 ICT 专业数字技能,并根据世界银行划定的颠覆性数字技能范围,设定了与前沿数字技术相关的颠覆性数字技能组。本书主要针对劳动力数字技能竞争力问题展开研究,因此在样本选择上只提取具备劳动力基础数字技能和 ICT 专业数字技能的用户,即不考虑只具备数字素养技能的用户。我们以 2018 年 12 月 31 日为时间节点,提取出领英平台拥有至少一项基础数字技能和 ICT 专业数字技能的用户,选择数字技能人才在该地全部用户中占比最高的 16 个国外城市和 8 个数字技能人才占比最高的中国城市作为研究对象,总的数字技能人才样本约为 1500 万名用户(见表 4.1)。其中,班加罗尔市并非高收入或中高收入国家和地区,但是我们发现该市数字技能人才在当地全部用户中的占比高达 36.61%,是数字技能人才占比最高的城市,因此我们把班加罗尔市也纳入研究样本。

表 4.1　　　　　数字技能人才研究城市及样本

国家	区域（世界银行）	城市	数字技能人才样本量（万人）	数字技能人才在该地全部人才中的占比（%）
美国	北美	纽约	204.9	26.89
		旧金山湾区	122.0	32.58
		华盛顿	79.1	29.73
		波士顿	79.0	31.27
		费城	49.3	24.79
		巴尔的摩	20.1	23.81
德国	欧洲和中亚	慕尼黑	16.4	34.27
		法兰克福	13.9	28.27
		汉堡	7.4	29.35

续表

国家	区域（世界银行）	城市	数字技能人才样本量（万人）	数字技能人才在该地全部人才中的占比（%）
英国	欧洲和中亚	伦敦	83.3	31.32
		曼彻斯特	7.9	27.62
		伯明翰	6.2	22.98
爱尔兰	欧洲和中亚	都柏林	0.9	21.94
澳大利亚	亚太	悉尼湾区	43.8	29.97
新加坡	亚太	新加坡	25.3	22.84
中国	亚太	上海	29.8	16.42
		北京	23	13.94
		香港	20.6	16.90
		深圳	10.8	12.43
		广州	6.0	7.61
		杭州	4.2	9.74
		苏州	2.9	7.90
		南京	2.8	8.77
印度	南亚	班加罗尔	98.4	36.61

二 数据分析方法

针对筛选出的24个城市，本书从行业渗透性、技能多样性和技能竞争力三个角度分析各城市数字技能的发展趋势和区域特征。数字技能的行业渗透性主要考察数字技能人才的行业分布特征，随着各行各业数字化转型的加快，传统行业对数字技能的需求不断增长，数字技能的行业渗透性成为传统行业数字化转型能力的一个重要表征。技能多样性主要考察不同城市代表性数字技能的多样性特征，主要集中在计算机硬件和软件领域，还表现出一些产业融合性特征。技能竞争力主要考察颠覆性技术相关的数字技能，例如人工智能、机器人、纳米科技、基因工程等技能，这些技能体现了数字技术与基础科学领域的融合，是推动数字经济创新发展的重要驱动力。

（一）数字技能行业渗透性分析

行业分析涉及数字经济范围的界定，狭义的数字经济主要指"数字产业化"，即ICT产业本身，包括通信、互联网、IT服务、硬件和软件等相关产业；广义的数字经济包括"数字产业化"和"产业数字化"两部分，即ICT产业以及ICT与传统产业融合的部分[①]。随着数字技术的加速创新和深度融合，广义的数字经济概念和内涵获得更多的共识，因此我们对数字技能人才的行业分析也将从ICT行业和非ICT行业两个角度进行分析。按照领英人才数据库的行业分类标注，ICT行业包括计算机网络与硬件、软件与IT服务行业，非ICT行业主要包括制造、金融、教育、消费品、公司服务、医疗、零售、媒体通信、交通运输、旅游度假、建筑、娱乐等行业。

（二）城市代表性数字技能分析

本书基于微观个体的数字技能特征对城市整体的代表性数字技能进行分析和挖掘，以反映城市在某个领域的人才基础与技能竞争力。本书从领英人才数据库中识别和抽取每位数字技能人才的数字技能标签列表、从事职业和所属地区（城市）等字段，以职业作为分析单元来研究人才的数字技能特点，进而通过计算数字技能的权重获得各城市的代表性数字技能，具体包括以下三个步骤。

第一步，构建城市的职业—技能矩阵 $W_{N \times K}$。

其中，N 表示该城市的职业数量，K 表示该城市的数字技能数量。矩阵 $W_{N \times K}$ 中第 n 行第 k 列的元素 w_{nk} 表示该城市职业 n 中数字

[①] 蔡跃洲、牛新星：《中国数字经济增加值规模测算及结构分析》，《中国社会科学》2021年第11期。

技能 k 的代表权重。

第二步，基于 TF-IDF 算法计算 w_{nk}。

以往研究中，技能的权重通常以拥有某项技能的劳动者占所有劳动者的比例来衡量和计算。这种方法存在很大的局限性，最终识别的代表性技能往往是一些最基础、最简单、使用人数最广的技能。以数字技能为例，排在前列的可能是 Word、Excel、PowerPoint 等基础数字技能，难以反映出城市间的差异和技能的独特性。为了解决这一问题，我们利用 TF-IDF（Term Frequency-Inverse Document Frequency）算法对数字技能的权重计算方法进行修正[①]，TF-IDF 算法可以降低不同职业中最常出现的技能的权重，突出技能的代表性和独特性。

基于 TF-IDF 的计算方法如式（4.1）所示：

$$w_{nk} = A_{nk} \times \ln(\frac{N}{B_k}) \qquad (4.1)$$

其中，A_{nk} 表示该城市职业 n 中拥有数字技能 k 的数字技能人才数量，B_k 表示该城市中拥有数字技能 k 的人才数量大于 1 的职业数量。

第三步，通过技能降维识别代表性技能。

对 w_{nk} 大小进行排序，可以得到某城市某职业最具代表性的数字技能，本书需要基于职业—技能的排序挖掘出城市整体的代表性数字技能。由于每种职业对应的数字技能有成千上万种（这项研究中数字技能超过 15000 种），需要对技能进行降维处理后进行分析。本书通过三个步骤对技能进行降维。首先，提取出每种职业最具代表性的前 50 项数字技能（即 w_{nk} 排名前 50 的数字技能），这样不仅可以保证具有足够的代表性，而且可以减少数据噪声，保证聚焦在

[①] Zhou W., Zhu Y., Javed F., Rahman M., Balaji J. and Mcnair M., *Quantifying Skill Relevance to Job Titles*, 2016 IEEE International Conference on Big Data（Big Data），2016.

最重要的那部分技能上。本书在技能降维处理时选择了前50项数字技能，通常的做法是选择30项左右的技能，本书拓展到50项技能可以进一步加强代表性。其次，将数字技能归类到更高一级的技能组，技能组的划分方法来源于世界银行关于数字技能的分类[①]（例如R、Python等技能划分为"开发工具"技能组，深度学习、数据结构、推荐算法等技能划分为"人工智能"技能组），所有城市前50项代表性数字技能最终划分为29个技能组，见表4.2。最后，计算各城市不同技能组出现的频次，技能组出现的次数越多，表明该技能组在该城市越具有代表性。为了更好地比较城市特点，本书采用技能组而不是具体技能来呈现不同城市的代表性数字技能。

表 4.2　　　　　　　　　　数字技能组

编号	技能组	技能组属性	数字技能种类（种）	数字技能示例
1	动画制作	基础性数字技能	23	Rhino, Compositing, Visual Effects
2	计算机图像	基础性数字技能	13	Qt, Auto CAD, Visualization
3	计算机硬件	基础性数字技能	123	ASIC, Verilog, SoC, Mixed Signal
4	计算机网络	基础性数字技能	65	Distributed Systems, Apache Kafka, Open Stack, Microservices
5	数据存储技术	基础性数字技能	102	Hadoop, HBase, Redis, Memcached
6	企业软件	基础性数字技能	20	Microsoft Dynamics NAV, SAP FI
7	游戏开发	基础性数字技能	30	Mobile Games, Lua, Online Gaming
8	图像设计	基础性数字技能	34	Nuke, Artworking, Brand Design
9	主机托管服务	基础性数字技能	2	Internet Services
10	信息管理	基础性数字技能	14	KIMS, Data Governance

---

① 世界银行将行业技能划分为五大组：商业技能、软技能、基础性数字技能、颠覆性数字技能和行业专业技能，本书主要关注基础性和颠覆性两类技能并从中抽取出数字技能，比如颠覆性数字技能主要指当前最前沿的数字技能，如人工智能、基因工程等。详细技能组分类参见世界银行网站（https://linkedindata.worldbank.org/data）。

续表

编号	技能组	技能组属性	数字技能种类（种）	数字技能示例
11	移动应用开发	基础性数字技能	10	Mobile Internet, Mobile Application Development
12	科学计算	基础性数字技能	17	Scala, Scientific Computing
13	信号处理	基础性数字技能	4	Image Processing, Signal Processing
14	社交媒体	基础性数字技能	12	Snapchat, Social Media Measurement
15	软件开发	基础性数字技能	85	SDLC, Requirements Gathering, System Architecture, UML Tools
16	软件测试	基础性数字技能	83	Debugging, HP QTP, Defect Tracking
17	技术支持	基础性数字技能	50	IT Outsourcing, Managed Services
18	Web 开发	基础性数字技能	31	Spring Boot, Java Web Services
19	航天航空工程	颠覆性数字技能	40	CAE, Space Systems, CATIA
20	人工智能	颠覆性数字技能	49	Apache Spark, Deep Learning, Computer Vision, AI
21	网络安全	颠覆性数字技能	86	Data Privacy, CISA, IAM
22	数据科学	颠覆性数字技能	97	Hive, Big Data Analytics, Predictive Analytics
23	开发工具	颠覆性数字技能	160	Go, Device Drivers, Linux Kernel
24	基因工程	颠覆性数字技能	40	Molecular Cloning, Protein Expression
25	人机交互	颠覆性数字技能	66	UX Research, Visual Design, Interaction Design
26	材料科学	颠覆性数字技能	20	DOE, Additives, Polymer Chemistry
27	纳米科技	颠覆性数字技能	1	Nanomaterials
28	自然语言处理	颠覆性数字技能	9	NLP, Sentiment Analysis
29	机器人	颠覆性数字技能	14	Machine Design, Electrical Controls

注：由于技能数量较多，表中只列出了部分数字技能。

（三）数字技能竞争力分析

我们进一步考察数字技能在不同城市的发展情况，特别是近年来备受关注的一些数字技能，如人工智能、基因工程、机器人等技能。为了更好地对比呈现不同城市的数字技能优劣势，以技能组作为研究对象并引入技能渗透率的概念来刻画城市的数字技能发展水平。对于特定的数字技能组 S，通过计算各城市相对于所有城市（本书研究的 24 个城市）的渗透率（简称为相对渗透率），来对比不同城市数字技能人才在该技能组上的优劣势。数字技能相对渗透率的计算包括以下四个步骤。

第一步，计算城市 i 职业 n 中技能组 S 的渗透率 p_{inS}，如式（4.2）所示。分子表示前 50 项数字技能中属于技能组 S 的数字技能 k 出现的频次，p_{inS} 即为该技能组在 50 项技能中出现的频率。

$$p_{inS} = \frac{\sum_{k=1}^{50} k \in S}{50} \quad (4.2)$$

第二步，计算城市 i 所有职业中技能组 S 的平均渗透率 $\bar{p}_{iS}$，如式（4.3）所示。

$$\bar{p}_{iS} = \frac{\sum_{n=1}^{N} p_{inS}}{N_i} \quad (4.3)$$

其中，N_i 表示城市 i 中拥有技能组 S 的职业总数。

第三步，计算 24 个城市职业 n 中技能组 S 的平均渗透率 $\bar{p}_{nS}$，如式（4.4）所示。

$$\bar{p}_{nS} = \frac{\sum_{i=1}^{24} p_{inS}}{I_n} \quad (4.4)$$

其中，I_n 表示拥有职业 n 的城市总数。

第四步，计算城市 i 中技能组 S 的相对渗透率 p_{irS}。由于不同国家的职业命名和分类有所不同，各城市数字技能人才对应的职业数量（即 n 的值）存在很大差异，例如纽约的数字技能人才对应近 5000 种职业，而南京仅对应 80 多种，且南京与纽约的职业还存在差别。因此，计算城市 i 在技能组 S 的相对渗透率时，从 $\bar{p}_{nS}$ 中选择

与城市 i 对应的职业 n 进行分析,如式(4.5)所示。

$$p_{irS} = \frac{\bar{p}_{iS}}{\sum_{n=1}^{N} \bar{p}_{nS} / N_i} \quad (4.5)$$

p_{irS} 越大,表明该城市在技能组 S 上的人才优势越强。相对渗透率大于 1,表明该城市在技能组 S 的技能渗透率高于 24 个城市的平均水平相对渗透率小于 1,表明该城市在技能组 S 的技能渗透率低于 24 个城市的平均水平。例如,北京人工智能技能组的相对渗透率为 1.59,而新加坡仅为 0.86,表明北京在人工智能技能组比新加坡更具有人才优势,且北京的人工智能技能渗透率高于 24 个城市的平均水平。

三 结果分析

(一) 数字技能行业渗透性

本书首先分析了不同城市数字技能人才在 ICT 行业和非 ICT 行业的比重,如图 4.1 所示。数字技能人才在 ICT 行业占比最高的十个城市依次为:班加罗尔、杭州、北京、南京、旧金山、深圳、广州、都柏林、上海和慕尼黑,占比为 32.1%—63.2%。数字技能人才在非 ICT 行业占比最高的十个城市依次为:费城、纽约、伯明翰、曼彻斯特、伦敦、香港、巴尔的摩、悉尼湾区、波士顿和汉堡,占比为 76.9%—84.6%。

数字技能人才在 ICT 行业和非 ICT 行业的比重一定程度上可以反映出不同区域和城市在数字经济发展上的侧重点。整体来看,数字技能人才在非 ICT 行业的占比超过 ICT 行业,这一结果与近年来传统行业大力推动数字化转型的趋势相吻合。在本书分析的城市中,班加罗尔、杭州、北京的数字技能人才在 ICT 行业的比重超过非 ICT 行业,这些城市在计算机硬件、软件和 IT 服务业建立起较强的人才优势和产业优势。相应地,费城、纽约、伯明翰、曼彻斯特、伦敦、香港是非 ICT 行业数字技能人才占比最高的六个城市，这些城市的 ICT 行业优势并不突出，但是在传统行业数字化转型方面走在前列。

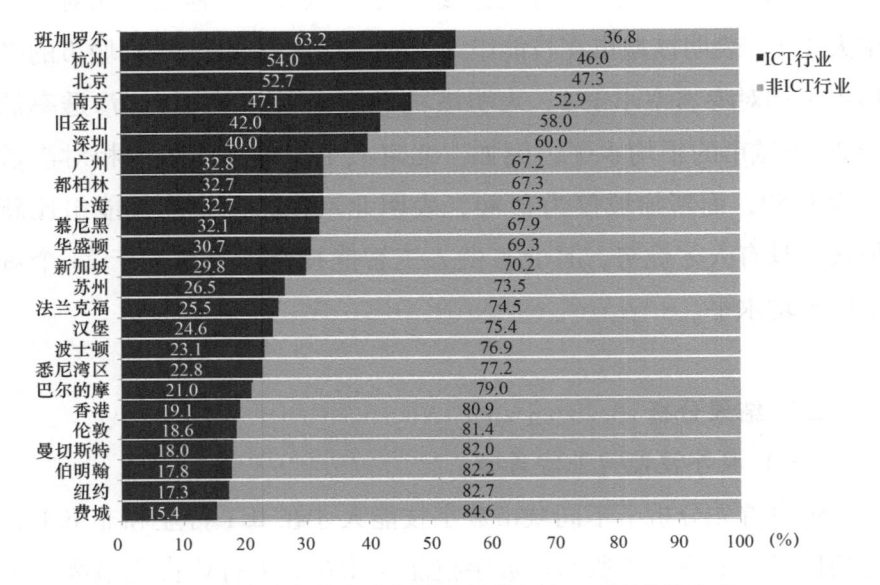

城市	ICT行业	非ICT行业
班加罗尔	63.2	36.8
杭州	54.0	46.0
北京	52.7	47.3
南京	47.1	52.9
旧金山	42.0	58.0
深圳	40.0	60.0
广州	32.8	67.2
都柏林	32.7	67.3
上海	32.7	67.3
慕尼黑	32.1	67.9
华盛顿	30.7	69.3
新加坡	29.8	70.2
苏州	26.5	73.5
法兰克福	25.5	74.5
汉堡	24.6	75.4
波士顿	23.1	76.9
悉尼湾区	22.8	77.2
巴尔的摩	21.0	79.0
香港	19.1	80.9
伦敦	18.6	81.4
曼切斯特	18.0	82.0
伯明翰	17.8	82.2
纽约	17.3	82.7
费城	15.4	84.6

图 4.1　数字技能人才在 ICT 行业和非 ICT 行业的比重

本书进一步分析了各城市数字技能人才在非 ICT 行业的分布情况，表 4.3 列举了非 ICT 行业中数字技能人才占比最高的三大细分行业，可以发现数字技能人才主要集中在制造、医疗、金融、公司服务、消费品、教育和媒体通信等行业。制造业具有突出数字技能人才优势的城市有法兰克福、汉堡和慕尼黑、上海、杭州、苏州、南京；金融业具有突出数字技能人才优势的城市有纽约、伦敦、都柏林、悉尼湾区、新加坡、北京；医疗业具有突出数字技能人才优势的城市有旧金山湾区、波士顿和费城；消费品行业具有突出数字技能人才优势的城市有旧金山湾区、杭州、苏州、香港、广州和深圳。总体来看，美国城市在数字技能人才分布上表现出明显的行业差异化优势，且在医疗业、教育业有所侧重；中国城市在数字技能人才分布上存在较高的行业同质性，主要集中在制造、消费品、金融三大行业。

表 4.3　各城市非 ICT 行业数字技能人才占比最高的三大行业

国家	城市	非 ICT 行业中数字技能人才占比最高的三大行业		
美国	旧金山湾区	医疗	消费品	教育
	波士顿	医疗	教育	金融
	华盛顿	公司服务	教育	制造
	纽约	金融	媒体通信	消费品
	费城	医疗	金融	教育
	巴尔的摩	制造	教育	医疗
德国	法兰克福	制造	金融	医疗
	汉堡	制造	媒体通信	公司服务
	慕尼黑	制造	公司服务	金融
英国	伦敦	金融	媒体通信	公司服务
	曼彻斯特	公司服务	教育	媒体通信
	伯明翰	制造	公司服务	教育
爱尔兰	都柏林	金融	公司服务	医疗
澳大利亚	悉尼湾区	金融	公司服务	教育
新加坡	新加坡	金融	制造	公司服务
中国	北京	金融	制造	公司服务
	上海	制造	金融	公司服务
	杭州	制造	消费品	金融
	苏州	制造	消费品	医疗
	南京	制造	教育	消费品
	香港	金融	消费品	公司服务
	广州	制造	消费品	公司服务
	深圳	制造	消费品	金融
印度	班加罗尔	制造	公司服务	金融

(二) 数字技能多样性

本书基于前文"城市代表性数字技能"的计算方法得到 24 个城市最具代表性的数字技能,表 4.4 展示了各城市排名最高的三项技能组(颠覆性数字技能加粗显示)。整体来看,颠覆性数字技能所占的比例非常高,凸显了 24 个城市作为全球或区域技术创新中心的地位。与其他国家的技术型城市相比,美国和德国的城市在颠覆性数字技能上表现出更高的多样性和产业融合性,在基因工程、人机交互、网络安全、材料科学、航天航空工程等诸多前沿领域都建立起很强的技能优势。英国、爱尔兰、澳大利亚、新加坡的城市在数字技能上偏向于软件和数据领域,颠覆性数字技能发展主要以数据科学为主。中国城市的数字技能优势以计算机软硬件和应用开发为主,在技能结构上与美国的旧金山湾区相似。但与美国、德国相比,中国各城市的数字技能同质性很强,没有形成差异化发展,技能多样性偏低,在网络安全、数据科学等基础性数字技能,以及基因工程、航空航天工程、材料科学等产业融合性高的数字技能方面缺乏代表性。

表 4.4　　各城市代表性数字技能(组)

国家	城市	排名前三的代表性数字技能(组)		
美国	旧金山湾区	计算机硬件	**开发工具**	**人机交互**
	波士顿	**基因工程**	**数据科学**	**开发工具**
	华盛顿	**网络安全**	**软件开发**	**数据科学**
	纽约	**数据科学**	**人机交互**	数据存储技术
	费城	**数据科学**	**基因工程**	材料科学
	巴尔的摩	**网络安全**	**基因工程**	软件开发
德国	法兰克福	企业软件	数据存储技术	**基因工程**
	汉堡	**航空航天工程**	数据存储技术	游戏开发
	慕尼黑	**开发工具**	**航空航天工程**	计算机硬件

续表

国家	城市	排名前三的代表性数字技能（组）		
英国	伦敦	**人机交互**	软件开发	图像设计
	曼彻斯特	**数据科学**	软件开发	软件测试
	伯明翰	技术支持	软件测试	**开发工具**
爱尔兰	都柏林	软件测试	计算机网络	软件开发
澳大利亚	悉尼湾区	软件测试	软件开发	**数据科学**
新加坡	新加坡	计算机硬件	**数据科学**	数据存储技术
中国	北京	**开发工具**	**人工智能**	计算机硬件
	上海	计算机软件	**开发工具**	**人机交互**
	杭州	**开发工具**	计算机硬件	**人工智能**
	南京	**开发工具**	计算机硬件	计算机网络
	苏州	计算机硬件	**开发工具**	机器人
	香港	**数据科学**	数据存储技术	**开发工具**
	广州	**开发工具**	计算机网络	**数据科学**
	深圳	计算机硬件	**开发工具**	**人工智能**
印度	班加罗尔	软件测试	计算机硬件	**开发工具**

注：颠覆性数字技能加粗显示。

（三）数字技能竞争力

基础性数字技能反映的是利用和拥抱数字时代的能力，颠覆性数字技能则代表了在数字时代创造新场景、新模式的能力。本书从表4.2所列的29个技能组中选取了数字技能人才数量最多的10个基础性数字技能组和8个颠覆性数字技能组，根据前文数字技能相对渗透率的计算方法，计算了18个技能组在各城市的相对渗透率，并基于此对各城市数字技能人才的技能优劣势进行对比，图4.2、图4.3分别呈现了基础性数字技能组和颠覆性数字技能组的相对渗透率。通过相对渗透率，能够直观地展现出该项技能组在某城市的发展水平，同时能够对不同城市进行比较。

对于基础性数字技能组来说，数字技能人才优势最显著的城市包括美国的旧金山湾区和纽约、英国伦敦、印度班加罗尔、澳大利亚悉尼。中国城市在大多数技能组的相对渗透率低于 24 个城市的平均水平，这也意味着与全球顶尖的技术型城市相比，中国城市在基础性数字技能的人才储备上处于劣势。对于颠覆性数字技能来说，除了旧金山湾区、纽约和班加罗尔三大城市在整体层面均具有较强的技能优势，其他城市还表现出明显的技能独特性。例如，在机器人技术上，美国波士顿、中国上海、德国法兰克福具有突出的技能优势；在人工智能技术上，中国北京具有较强的技能优势；在网络安全技术上，美国华盛顿表现出突出的技能优势。除北京、上海外，其他中国城市在颠覆性数字技能上的人才储备与世界顶尖的创新城市相比还存在一定差距。特别是与美国旧金山湾区相比，虽然技能结构相似，但是在颠覆性数字技能人才储备和技术突破上仍存在较大差距。

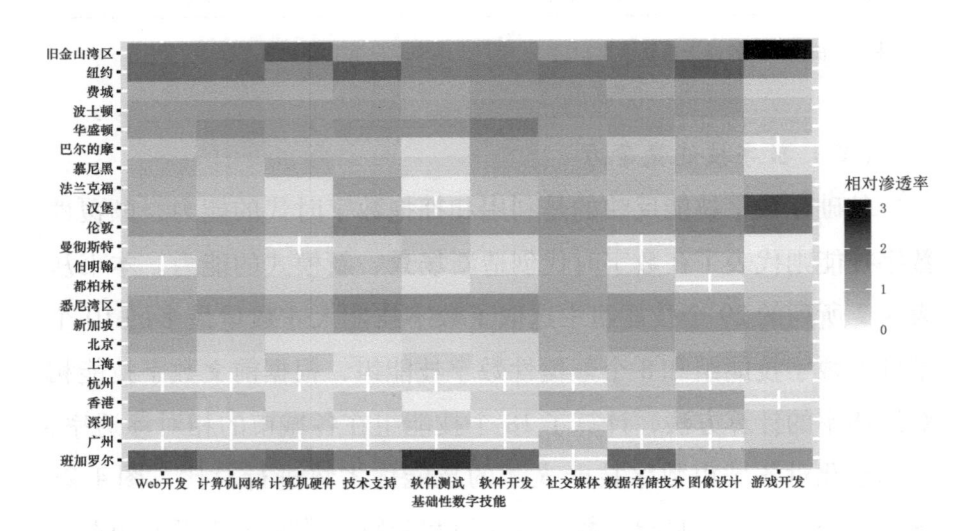

图 4.2　基础性数字技能组的相对渗透率

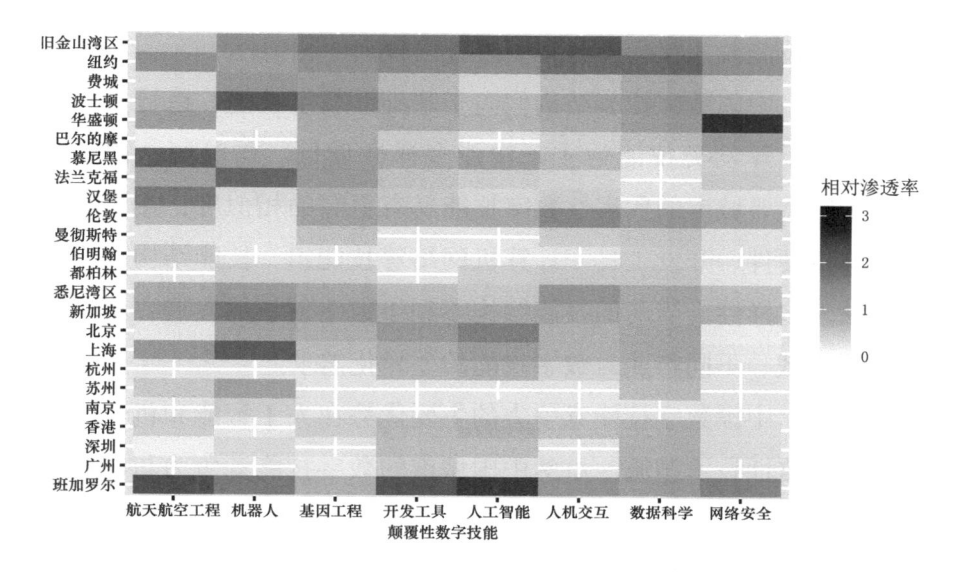

图 4.3　颠覆性数字技能组的相对渗透率

第四节　关于加强数字技能培养的建议

新一代科技革命浪潮下,数字技术已经渗透经济社会的方方面面。加强数字领域的人力资本投资和技能发展,不仅能帮助人们更好地适应数字经济时代的变化,也是打造数字经济竞争力的关键。本书基于全球职场平台领英的人才大数据,对全球 24 个城市的数字技能发展现状和竞争力进行了深入研究,从行业渗透性、技能多样性、技能竞争力三个角度分析这些城市的特点和差异,并通过国际对比分析中国在数字技能方面的优势和差距,得到以下主要结论。

第一,中国数字技能行业渗透性偏低,国内主要城市的数字技能人才在行业分布上存在较高的同质性,主要集中在制造、消费品、金融三大行业。与美国、欧洲相比,中国数字技能人才在制造业和消费品业的比例较高,在医疗业和教育业的比例较低,且主要城市数字技能人才在行业分布上表现出较高的相似性。

第二，中国数字技能结构偏向于基础性数字技能，以计算机软硬件和应用开发类技能为主，技能多样性偏低。与美国、德国相比，中国主要城市的代表性数字技能具有更高的相似度，主要集中在计算机硬件、开发工具、计算机网络等技能组，技能结构较为单一，缺乏多样性。当前的技能结构不利于数字创新的发展，难以满足不同区域、不同产业对数字技能的差异化需求。

第三，中国数字技能竞争力的主要优势在人工智能和机器人技术两大颠覆性技术领域。虽然中国城市的数字技能竞争力与旧金山湾区、纽约等美国知名创新城市相比仍有一定差距，但是在人工智能、机器人两大颠覆性技术领域已经建立起明显的数字技能优势，人工智能技术相关数字技能人才主要集中在北京，机器人技术相关人才主要集中在以上海为核心的长三角城市。

总体来看，行业渗透性低、技能多样性低是中国数字技能发展存在的主要问题，难以满足产业深度数字化转型以及数字经济与实体经济融合发展的需求。中国数字技能的优势主要体现在人工智能、机器人两大颠覆性数字技能领域，这些优势有望带动更多颠覆性数字技能的发展。随着全球数字经济发展进入加速创新和深度融合阶段，高质量人力资本和数字技能将成为建立数字经济竞争优势的基础。从中长期来看，中国既面临数字化转型趋势下日益增长的人才和技能需求，也面临人口老龄化、劳动人口红利消失，以及地缘政治形势变化带来的人才引进难度增加等挑战。未来应将劳动力数字技能发展纳入经济发展长期战略，建立政府、教育机构、企业和劳动者多方参与的数字技能培养长效机制。具体来说，本书提出以下几方面的政策建议。

第一，借鉴国际重点城市数字技能多样性发展的经验，建立针对数字技能发展趋势的评估追踪机制，提高数字技能开发能力。随着数字技术的发展和渗透，数字技能在职业发展中的重要性日益增强，为了更好地满足数字经济发展需要，需要及时把握国内外数字技能发展趋势和技能需求。当前中国缺少针对技能发展和评估的体制机制，建议在教育部门、人力资源和社会保障部门设置职业技能开发研究院，完善数字技能相关的分类、评价、标准制定等工作，定期评估中国数字技能发展存在的行业差距、区域差距（包括国内和国际）和劳动力层面的技能鸿沟问题；加强数字技能培养相关的课程开发、职业培训内容研发，以及数字技能开发过程中的质量管理；在基础教育、高等教育、职业教育和社会培训等方面制定针对性计划，促进各个层面数字技能的多样性发展。

第二，推动高等教育机构、职业教育机构和企业的合作，加强颠覆性数字技能人才的培养，促进数字技能在不同行业的渗透发展。在数字技能培养上，传统教育体系的发展已经难以跟上技术变革的速度，特别是在新兴、前沿技术领域，数字技能的教育和培训明显落后于业界。教育部门和人社部门应当加强与大型科技企业在数字技能人才培养方面的合作，通过搭建前沿数字技能培训和交流平台，鼓励企业在平台上发布课程、提供实习信息，支持企业和高等教育机构、职业教育机构联合开办课程，对积极参与数字技能培训的企业制定有效的激励措施。

第三，将提升劳动力数字技能纳入国家创新驱动发展战略与人才强国战略的顶层设计，制定面向全民的数字技能提升计划。数字技术的发展日新月异，数字技能的培养需要长期的人力资本投资和积累，因此需要将数字技能培养纳入国家经济发展的长期战略中，制定面向全民的数字技能提升计划。一方面，畅通劳动者数字技能学习渠道，通过整合高等院校、专业学会、行业协会、企业培训等资源，降低劳动者数字技能学习门槛，加强数字技能认证；另一方面，促进终身教育立法，在文化教育和技能培训过程中，强调终身学习的重要性，确立创建学习型社会（社区）的目标和终身教育体系，将数字技能提升作为其中的重要内容。

第 五 章

中国新就业形态的崛起

第一节 新就业形态的概念和内涵

国际语境中，关于新就业形态的讨论主要集中在非正规就业议题下。非正规就业并没有一个确定的官方定义，主要是指在正规就业之外的就业关系，也被称为"非标准就业"。对非正规就业相关的表述非常多，例如临时性工作、兼职、随叫随到型工作、自由职业、灵活性工作、零工工作，等等。非正规就业并非新事物，在正规就业形式兴起以前，灵活性、自雇型等非标准就业方式曾经是主流，工业化的大规模应用和发展推动了正规就业关系的建立，特别是在第二次世界大战之后得到广泛推广。而随着新自由主义经济的发展和技术的进步，完全就业不再是宏观经济发展追求的目标，新的目标变成"通过不断解决失业来维持劳动力市场的平衡"[1]。在这样的背景下，灵活型、自雇型就业的比重开始重新提升。近年来，伴随数字化平台的出现和发展，非正规就业变得更加容易组织，尤其是以数字平台为中介的就业形式得到了快速发展。

---

[1] Stanford J., "The Resurgence of Gig Work: Historical and Theoretical Perspectives", *The Economic and Labour Relations Review*, Vol. 3, No. 28, 2017.

以数字平台为中介的工作（Electronically Mediated Work）通常也被称为平台经济就业（Online Platform Employment，OPE），平台经济就业有多种形式，有的是在线接单、在线交付的方式，如设计、辅导等工作；有的是在线接单、线下交付的方式，如网约车、外卖配送等工作[1]。国际劳工组织明确了四类典型的非正规就业形式：1. 临时性就业；2. 非全日制就业（兼职）；3. 临时性机构工作或多方雇佣关系；4. 隐蔽性雇佣/非独立性自雇[2]。这四种非正规就业形式在平台经济用工中均有体现，其中隐蔽性雇佣出现较多，即平台与劳动者签订商务合同而不是雇佣合同，这类人员容易被界定为自雇人员，但从工作内容和管理方式上与受雇员工并无太大差别，处于雇员和自雇的"灰色地带"[3]。

国内语境下，"新就业形态"最初用来泛指与共享经济、平台经济等新经济、新业态相伴而生的一些新的就业形式，与国际语境下的平台经济就业在概念上最为接近。新就业形态不仅仅是一种新的就业方式，而是技术革命所带来的产业模式和企业形态根本性转变在劳动力市场的表现[4]。有学者从生产力和生产关系两个角度对新就业形态的概念和内涵进行了探析[5]。从生产力角度来看，新就业形态描述了新一轮工业革命带动的生产资料智能化、数字化、信息化条件下，通过劳动者与生产资料互动，实现虚拟与实体生产体

---

[1] Collins B., Garin A., Jackson E., Koustas D. and Payne M., "Is Gig Work Replacing Traditional Employment? Evidence from Two Decades of Tax Returns", Unpublished Paper, IRS SOI Joint Statistical Research Program, 2019.

[2] International Labour Organization, *Non-Standard Employment around the World: Understanding Challenges, Shaping Prospects*, International Labour Office Geneva, 2016.

[3] 王永洁：《国际视野中的非标准就业与中国背景下的解读——兼论中国非标准就业的规模与特征》，《劳动经济研究》2018年第6期。

[4] 王娟：《高质量发展背景下的新就业形态：内涵、影响及发展对策》，《学术交流》2019年第3期。

[5] 张成刚：《就业发展的未来趋势：新就业形态的概念及影响分析》，《中国人力资源开发》2016年第19期。

系灵活协作的工作模式。从生产关系角度来看，新就业形态是指伴随互联网技术进步与大众消费升级出现的去雇主化、平台化的就业模式。

官方也对新就业形态的概念和内涵进行了界定和解释，2015年10月，党的十八届五中全会通过《中共中央关于制定国民经济和社会发展第十三个五年规划的建议》指出"加强对灵活就业、新就业形态的支持，促进劳动者自主就业"，首次在官方文件中提出新就业形态的概念。2020年7月28日，《国务院办公厅关于支持多渠道灵活就业的意见》明确了灵活就业人员的定义和范围：个体经营者、非全日制从业人员、新就业形态人员（包括依托电子商务、网约车、网络送餐、快递物流等新业态平台实现就业，但未与新业态平台相关企业建立劳动关系的从业人员）及法律、法规、规章规定的其他灵活就业人员。这一界定将新就业形态归属于灵活就业范畴，且主要指依托新业态平台参与供需对接的就业人员，与国际语境下的"平台经济就业"概念非常相近。

第二节　新就业形态的发展态势

数字经济的快速发展不断催生新模式、新业态，使得非标准就业的组织形式更加复杂化和多样化。当前不论是在学术界还是业界，非标准就业在概念表述上均较为混乱，内涵缺乏明确界定，这给非正规就业的规模测算带来很大挑战，已有研究从替代性工作（Alternative Work）、临时性工作（Contingent Work）和零工就业（Gig Work）等不同角度对非标准就业及新就业形态的规模进行测算。例如，美国劳工局对临时性和替代性的工作进行了长期追踪，数据显示，2017年美国有大约5500万临时性就业人员，大约占劳动力总量的34%[1]。Hertfordshire 大学开展了一项关于欧洲零工经济的研究，调查显示德国和英国有9%的人口从事零工就业，而在意大利这一比例达到22%[2]。中国当前仍缺乏针对非标准就业的系统性测算工作，2020年8月7日国务院政策例行吹风会上，人社部公布我国灵活就业从业人员规模为2亿人左右[3]。

从这些数据来看，非正规就业在整体就业中的比例确实较大，但从就业增长率来看，实际上并没有媒体宣传的那么惊人。Collins 等（2019）基于劳动者的纳税申报数据对美国临时性和替代性工作的发展趋势进行了更深入的分析发现，2016年获得收入的临时性和替代性就业人员在整体就业中所占的份额比2000年提高了1.9个百分点[4]。Katz 和 Krueger 在2016年开展的一项测算显示，2005—2015年美国的临时性就业占比从10.7%提高到15.8%[5]。平台经济就业增长是非标准就业规模增长的重要原因，Collins 等（2019）指出，临时性和替代性就业增长中，超过一半的增长发生在2013—2016年，几乎可以全部归因于平台经济就业的迅速增长。[6]

针对非正规就业规模的测算，不同国家、不同机构测算的结果存在较大差异，除了概念表述混乱带来的问题，还面临统计方法上

---

[1] Bureau of Labor Statistics, *Contingent and Alternative Employment Arrangements*, May 2017.

[2] Huws U., Spencer N. H., Syrdal D. S. and Holts K., "Work in the European Gig Economy", *SELL*, Vol. 62, No. 59, 2017.

[3] 参见 http://www.gov.cn/xinwen/2020zccfh/20/index.htm。

[4] Collins B., Garin A., Jackson E., Koustas D. and Payne M., "Is Gig Work Replacing Traditional Employment? Evidence from Two Decades of Tax Returns", Unpublished Paper, IRS SOI Joint Statistical Research Program, 2019.

[5] Katz L. F. and Krueger A. B., "The Rise and Nature of Alternative Work Arrangements in the United States, 1995–2015", *ILR Review*, Vol. 2, No. 72, 2019.

[6] Collins B., Garin A., Jackson E., Koustas D. and Payne M., "Is Gig Work Replacing Traditional Employment? Evidence from Two Decades of Tax Returns", Unpublished Paper, IRS SOI Joint Statistical Research Program, 2019.

的困境。Abraham 等（2017）在对美国零工就业规模进行测算时发现，基于家庭收入调查和行政管理数据（如税收数据、社会保障数据）得出的结论不一致，家庭收入调查数据没有反映出自雇型就业因零工经济的繁荣而增长，而行政管理数据则显示出自雇型就业在近几年迅速增长[①]。OECD 对不同国家平台经济就业的相关测算工作进行了梳理，指出当前测算的一个主要困境是缺乏针对平台经济就业的行政管理数据，即官方统计框架之下缺乏对平台经济就业的调查，就如何在官方统计体系下开展问卷调查给出了针对性的建议，并建议利用互联网平台的数据作为补充，在测算就业规模的基础上，增进对平台经济就业特点的认识。

第三节　中国新就业形态的规模测算

从已有研究来看，新就业形态受到越来越多的关注，人们对新就业形态的认识也在不断增加，但是对新就业形态的规模测算和深度分析仍然面临很多挑战，现有的统计框架难以捕捉和追踪新就业形态的发展趋势，中国的官方统计体系目前也面临这样的困难。因此，本书尝试结合官方统计数据、互联网平台数据，对中国新就业形态的发展现状和趋势进行分析和研究。

当前关于新就业形态发展态势的官方数据主要来自国家信息中心每年发布的《中国共享经济年度报告》[②]。《中国共享经济发展年度报告》主要从交通出行、共享住宿、知识技能、生活服务、共享医疗、共享办公、金融、生产能力等方面追踪共享经济的发展情

[①] Abraham K., Haltiwanger J., Sandusky K. and Spletzer J., "Measuring the Gig Economy: Current Knowledge and Open Issues", *Measuring and Accounting for Innovation in the 21st Century*, 2017.

[②] 2018 年以前报告的名称为《中国分享经济发展报告》，2018 年起改为《中国共享经济发展年度报告》。

况。该报告显示，2019年中国共享经济提供服务者人数约有7800万人，约占整体就业的10%，2015年为5000万人，四年内增长了56%。该报告中的数据主要来自共享经济相关领域主要互联网平台企业的公开数据、上报数据、调查数据，以及咨询公司、智库机构等渠道的社会调查数据，基于此对共享经济提供服务的人数进行了估算。根据《国务院办公厅关于支持多渠道灵活就业的意见》中新就业形态的定义，新就业形态从业人员与共享经济提供服务者虽然有很大重合，但并不完全一致。本书基于该定义中提到的电子商务、网约车、网络送餐、快递物流四类主要形态，尝试对2016—2020年新就业形态就业规模进行测算。

一　电子商务平台新就业形态就业规模

依托电子商务平台（以下简称"电商平台"）实现就业的人员，例如淘宝、京东等电商平台商户，是最早的新就业形态就业群体。随着电子商务的发展和普及，零售方式发生了翻天覆地的变化，微商、线上线下交易（O2O）、网络直播等形式快速发展，不断丰富和拓展电商领域的新就业形态，微商平台销售者、电商直播者（"直播带货"主播）成为新就业形态的典型代表。商务部发布的《中国电子商务报告2019》显示，2019年中国电子商务从业人员达5125.65万人，其中直接吸纳就业和创业人数达3115.08万人。电商平台商户、微商平台销售者、电商直播者是直接吸纳就业和创业人群的主要构成部分，因此本书将使用商务部的这一测算数据作为电子商务新就业形态的就业规模。《中国电子商务报告2020》显示，2016—2020年电子商务从业人员的总就业规模分别为：3760.43万人、4250.32万人、4700.65万人、5125.65万人、6015.33万人，假设直接吸纳就业和创业的规模与间接带动的就业规模比例不变，则2016—2020年电子商务直接吸纳就业和创业的规模约为2285.38万人、2583.10万人、2856.79万人、3115.08万人、3655.78万人。

二 网约车平台新就业形态就业规模

网约车行业是新就业形态的代表性行业,对新就业的发展起到了重要的市场教育作用和引领作用。当前官方统计体系仍缺乏针对网约车新就业形态规模的系统性调查和追踪。国家信息中心每年发布的《中国共享经济年度报告》中,关于网约车司机规模的数据主要来自各网约车平台的数据报送。2016年《国务院办公厅关于深化改革推进出租汽车行业健康发展的指导意见》与《网络预约出租汽车经营服务管理暂行办法》出台后,为了规范行业发展,交通运输部发起建立了全国网约车监管信息交互平台,对网约车平台公司的运营情况和网约专车/快车的合规情况进行追踪和监管,不定期公布主要网约车平台月订单量、订单合规率、司机合规率等情况。根据该平台统计,截至2024年5月31日,全国共有351家网约车平台公司取得网约车平台经营许可,全国共发放网约车驾驶员证703.3万本、车辆运输证294.8万本[1]。与2021年同期相比,两项指标均翻了一倍。随着共享经济的蓬勃发展,2016年中国互联网络信息中心(CNNIC)发布的《中国互联网络发展状况统计报告》中也专门增加了对网约车用户规模的统计。根据第37次《中国互联网络发展状况统计报告》的数据,2015年上半年网约车市场以网络预约出租车用户规模最大,为9664万人,网络预约专车用户规模为2165万人[2]。

当前,全国网约车监管信息交互平台统计的主要是拥有网约车

---

[1] 数据来自交通运输部,参见https://www.mot.gov.cn/jiaotongyaowen/202407/t20240702_4143582.html。

[2] 参见中国互联网络信息中心(CNNIC)发布的第37次《中国互联网络发展状况统计报告》。

驾驶员证的司机人数（也被称为"合规司机"），各网约车平台还存在大量未申请网约车驾驶员证的司机，根据全国网约车监管信息交互平台 2021 年 6 月公布的数据，主要网约车平台在该月接单的驾驶员合规率在 23.7%—97.6% 之间。由于网约车司机规模中非合规司机占的比重较大，本书将基于网约车用户规模推算网约车司机整体规模。根据前文对新就业形态概念和内涵的梳理，出租车司机虽然也使用网约车平台获得订单，但是与出租车公司存在劳动关系，仍属于标准就业的范畴，因此本书对网约车新就业形态规模的测算主要针对网约专车/快车司机。

（一）网约车用户规模

《中国互联网络发展状况统计报告》公布的数据显示[①]，2016 年以来中国网约车用户持续高速增长，2016—2020 年用户规模增长 46.65%，其中在 2019 年达到峰值，2020 年因为新冠疫情影响，网约车用户规模出现较大幅度的减少（见表 5.1）。网约车在发展初期主要是将出租车接入互联网平台，后续逐渐出现网约专车、快车等新形式，从表 5.1 可以看出，2018 年之前网约出租车用户高于网约专车、快车用户，2019 年两类用户在规模上大体相当，且两类用户重合人数规模也趋于稳定。2020 年开始，《中国互联网络发展状况统计报告》不再对两部分用户进行分别统计，只展示总用户规模。为了后续测算的需要，本书对 2020 年网约出租车用户规模和网约专车/快车用户规模进行估算。假设两类用户重合部分随网约车用户总规模下降等比例减少，且两类用户在 2020 年仍处于规模相当状态，则 2020 年重合部分规模大约为 24529 万人，两类用户规模均为 30528 万人。

---

① 参见中国互联网络信息中心（CNNIC）发布的第 38 次至第 47 次《中国互联网络发展状况统计报告》。

表 5.1 　　　　　　2016—2020 年网约车用户规模　　　　　　单位：万人

时间	网约车用户总规模	网约专车/快车用户规模	网约出租车用户规模	网约出租车与专车/快车用户重合部分规模
2016 年 12 月	24908	16799	22463	14354
2017 年 12 月	34346	23623	28651	17928
2018 年 12 月	38947	33282	32988	27323
2019 年 6 月	40426	33915	33658	27147
2020 年 12 月	36528	30528 *	30528 *	24529 *

资料来源：根据第 38 次至第 47 次《中国互联网络发展状况统计报告》整理得到，* 表示数据是笔者根据已有数据估算所得。

（二）网约车订单规模估算

网约车的订单量（使用量）受很多因素的影响，比如季节、天气、节假日、是否旅游旺季等，但整体来看仍具有时间上的规律性。根据全国网约车监管信息交互平台统计的订单数据，2021 年 1—6 月，除了 2 月份，其他月份的订单量均在 7 亿单以上，2021 年的订单量预计在 100 亿单左右（该平台统计的主要是网约专车/快车的订单）。交通运输部的统计数据无法提供 2020 年 10 月之前的数据，因此本书基于网约车用户规模和网约车用户使用行为特征进行大致的估算。

当前，针对网约车用户使用行为特征的研究主要来自社会调查，但现有研究大多局限于个别省份和城市，且缺少关于网约车用户行为的长期跟踪调查。受限于数据获取的难度，本书关于网约车用户使用特征的刻画选用了《智慧出行，让天下没有难打的车——网约车用户调研报告》中的数据[1]。该报告基于全国 1200 名网约车用户的问卷调查，对网约车用户的出行行为进行了分析。表 5.2 展示了网约车用户的出行频次分布情况，基于该数据本书推算了每个网约

---

[1] 36 氪研究院：《智慧出行，让天下没有难打的车——网约车用户调研报告》，2018 年。

车用户全年的订单量区间。结合前文关于网约车用户规模数据，本书进一步计算了网约车的订单规模，表5.3第二列和第三列展示了网约车全年订单量的区间。由于中国互联网信息中心未提供2019年12月的网约车用户数据，本书在计算2019年网约车订单量时，假设2019年下半年网约车用户与上半年保持不变。计算得到的网约车订单中既包含网约出租车订单，也包含网约快车和专车订单。由于现有研究缺乏网约车用户出行选择相关的数据，为了估算的方便，本书假设同时使用网约出租车与网约专车/快车的用户使用两类服务的频率是相同的（即此类用户每年产生的网约出租车订单与网约专车/快车订单相同），由此推算出网约专车/快车的全年订单量区间，如表5.3第四、第五列所示。

表5.2　　　　　网约车用户出行频次与订单量

出行频次（次）	百分比（%）	月最少订单量（单）	月最多订单量（单）	年最少订单量（单）	年最多订单量（单）
每周≥7	4	28	—	336	—
每周3—6	20	12	24	144	288
每周1—2	28	4	8	48	96
每月1—3	32	1	3	12	36
1月少于1	16	0	1	0	11
总计	100	45	36	540	431

资料来源：网约车出行频次和百分比数据根据《智慧出行，让天下没有难打的车——网约车用户调研报告》整理得到，其余数据由笔者计算得到；每个用户的"月最多订单量"实际上为≥36单，为了估算的方便按下限36单计算。

表5.3　　　　　2016—2020年网约车订单总量　　　　　单位：万单

年份	网约车年最少订单量	网约车年最多订单量	网约专车/快车年最少订单量	网约专车/快车年最多订单量
2016	1482524.16	2769770	343450.03	641660.67
2017	2044273.92	3692428	709108.29	1280812.53

续表

年份	网约车 年最少订单量	网约车 年最多订单量	网约专车/快车 年最少订单量	网约专车/快车 年最多订单量
2018	2318125.44	4142222	1188378.31	2123494.69
2019	2406155.52	4286809	1226361.97	2184887.81
2020	2174146.56	3905741	1108112.35	1990665.99

资料来源：笔者基于表5.1、表5.2数据计算得到。

（三）网约专车/快车司机规模估算

在估算得到2016—2020年每年网约专车/快车的订单量规模之后，还需要知道网约专车/快车司机每年的平均接单量，才能估算出网约专车/快车司机的规模。现有研究中，基于小样本的网约车司机工作行为研究具有很大的差异性，且专职司机和兼职司机的接单情况也具有很大差异。因此，本书基于网约车平台公布的大样本数据进行估算。有研究在研究网约车司机工资行为时[1]，使用了某网约车平台2016年1月1—21日某城市连续三周的完整订单数据，该数据集中包含的93089位司机（包括出租车司机、专车/快车司机）在观测时间段内一共产生8540614条订单记录。基于此可以计算出平均每个司机的单日接单量为4.37单，平均周接单量为30.58单，假设每位司机在当年处于连续工作状态，则年平均接单量大约为1590单。结合表5.3中网约专车/快车订单规模数据，可以推算出每年的活跃的网约专车/快车司机规模，如表5.4所示。

本书对网约车新就业形态规模的测算是从保守角度出发，假设2016年以来网约车司机在当年能保证连续工作12个月，但实际情况中，网约车司机的流动性较大，大部分司机无法保证连续工作。

---

[1] 凌博威：《考虑司机接单意愿影响因素的网约车订单推荐》，硕士学位论文，大连理工大学，2021年。

有研究基于某网约车平台 15000 多份问卷调研数据，考察了网约车司机的工作连续性情况[①]，研究显示，样本司机在 10 周的观察期间内只有 29.36% 的司机是"全勤"，41.19% 的司机工作时间在 5 周及以下。但是，即便是偏保守的估计，2018 年以来每年的活跃司机数都已经接近或超过 700 万人，规模上限则超过 1200 万人。

表 5.4　　　　　　　　2016—2020 年网约车司机规模

年份	网约专车/快车年最少订单量（万单）	网约专车/快车年最多订单量（万单）	网约专车/快车司机最小规模（万人）	网约专车/快车司机最大规模（万人）
2016	343450.03	641660.67	216.01	403.56
2017	709108.29	1280812.53	445.98	805.54
2018	1188378.31	2123494.69	747.41	1335.53
2019	1226361.97	2184887.81	771.30	1374.14
2020	1108112.35	1990665.99	696.93	1251.99

资料来源：笔者根据表 5.1、表 5.2、表 5.3 数据计算得到。

三　网络送餐平台新就业形态就业规模

网络送餐平台下的外卖配送员也是近年来典型的新就业形态从业人员，随着网络送餐用户规模的增长，对外卖配送员的需求也急剧增长。根据《中国互联网络发展状况统计报告》公布的数据，截至 2020 年 12 月，网络送餐用户规模达到 4.19 亿人，占整体网民的比例达到 42.35%，如表 5.5 所示。2017 年是网络送餐市场高速发展的一年，网络送餐用户在整体网民中的比例由 2016 年的 28.52% 快速增长到 44.48%。此后网络送餐用户规模的增长逐渐平稳，2019 年网络送餐的使用率接近 50%，2020 年虽然受到新冠疫情的

---

① 杨伟国、王琦：《数字平台工作参与群体：劳动供给及影响因素——基于 U 平台网约车司机的证据》，《人口研究》2018 年第 4 期。

影响，但是全年的用户规模仍然达到疫情前的水平。

表5.5　　　　　　　2016—2020年网络送餐用户规模

时间	网络送餐用户总规模（万人）	网络送餐使用率（%）
2016年12月	20856	28.52
2017年12月	34338	44.48
2018年12月	40601	49.00
2019年6月	42118	49.29
2020年12月	41883	42.35

注：网络送餐使用率即网络送餐用户占整体网民的比例。
资料来源：根据第38次至第47次《中国互联网络发展状况统计报告》整理得到。

由于缺乏来自网络送餐平台的新就业数据，本书将采用与网约车司机规模测算相同的思路，通过网络送餐用户规模推算外卖配送员的就业规模。与网约车行业类似，有关网络送餐用户使用特征的研究也主要来自社会调查和行业研究，缺少来自官方统计体系的长期跟踪调查。本书参考了《2016年中国外卖O2O行业发展报告》的调查数据[1]，该报告基于2002名外卖消费者（网络送餐用户）样本，分析了2015—2016年网络送餐用户的消费频次，超过一半的用户使用网络送餐平台的频次在每月1—8次之间（见表5.6）。结合2016年网络送餐用户规模的相关数据，可以计算出2016年全年网络送餐年累计订单规模区间，见表5.6。假设网络送餐用户的外卖使用频率不变，可以进一步估算2017—2020年每年的累计订单规模，见表5.7第二、第三列。由于中国互联网信息中心未提供2019年12月的网络送餐用户数据，本书在计算2019年外卖订单量时，假设2019年下半年网络送餐用户量与上半年保持不变。

---

[1]　艾瑞咨询：《2016年中国外卖O2O行业发展报告》，2016年。

在得到订单量规模之后，还需要知道外卖配送员每年的平均接单量，才能估算出每年活跃的外卖配送员规模。根据《城市新青年：2018外卖骑手就业报告》中对外卖配送员的调查，约45%的外卖配送员每日接单在20单以上[1]。由于缺乏更详细的配送数据，本书假设外卖配送员每日平均接单量为20单，每周工作6天，则每周平均接单量为120单。外卖配送员也是流动性较大的职业，工作持续性很难保证。一些针对北京市外卖平台的调查显示，超过70%的外卖配送员从业时间少于1年，仅有约10%的外卖配送员从业超过2年[2]。由于数据获取的限制，本书假设外卖配送员每年连续工作时间为半年，则每个外卖配送员每年总接单量为6240单。在这种情况下，可以估算出2016—2020年每年活跃的外卖配送员规模，见表5.7。2018年以来，每年活跃的外卖配送员规模在750万—1120万人之间。

表5.6　　　　　　　　2016年网络送餐年累计订单规模

每月使用频次（次）	占比（%）	用户数（万人）	月最少订单量（万单）	月最多订单量（万单）	年最少订单量（万单）	年最多订单量（万单）
1	5.70	20856	1188.79	1188.79	14265.50	14265.50
2—3	15.10	20856	6298.51	9447.77	75582.14	113373.22
4—8	32.40	20856	27029.38	54058.75	324352.51	648705.02
12—20	33.70	20856	84341.66	140569.44	1012099.97	1686833.28
30⁺	13.10	20856	81964.08	81964.08	983568.96	983568.96
总计	100.00	20856	200822.42	287228.83	2409869.09	3446745.98

资料来源：网络送餐用户每月使用频次和百分比数据来源于《2016年中国外卖O2O行业发展报告》，其余数据由笔者计算得到；每个用户的"每月使用频次"≥30次，为了估算的方便按下限30次计算。

[1] 美团研究院：《城市新青年：2018外卖骑手就业报告》，2019年。
[2] 郑祁、张书琬、杨伟国：《零工经济中个体就业动机探析——以北京市外卖骑手为例》，《中国劳动关系学院学报》2020年第5期。

表 5.7　　　2016—2020 年网络送餐年累计订单与外卖配送员规模

年份	年最少订单量（万单）	年最多订单量（万单）	外卖配送员最小规模（万人）	外卖配送员最大规模（万人）
2016	2409869.09	3446745.98	386.20	552.36
2017	3967687.22	5674835.23	635.85	909.43
2018	4691364.35	6709883.66	751.82	1075.30
2019	4866650.66	6960589.15	779.91	1115.48
2020	4839496.88	6921752.11	775.56	1109.26

资料来源：笔者基于表 5.5、表 5.6 数据计算得到。

四　快递物流平台新就业形态就业规模

快递物流从业人员主要包括一线技能人员（快递揽投、分拣、运输、客服等）、专业技术人员（IT、设备研发、网络规划、人事、财务等）、管理人员等，其中负责快递揽投的一线快递员是典型的新就业形态从业人员，依靠快递服务平台响应用户的寄件和收件需求，而分拣、运输、客服等一线技能人员、专业技术人员及管理人员并不属于新就业形态，因此本书只对一线快递员的就业规模进行估算。

国家邮政局每年发布的《快递市场监管报告》显示，2016—2020 年全国快递业务量由 312.80 亿件增长到 833.60 亿件，日均快件处理量由 0.90 亿件增长到 2.30 亿件，东部地区的快递业务量远超中西部地区。2020 年，由于受到新冠疫情影响，网上购物的需求激增，快递业务量也出现大幅增长，2020 年快递业务量比上一年增长 31.23%，见表 5.8。

表 5.8　　　　　　2016—2020 年快递业务量　　　　　　单位：亿件

	2016 年	2017 年	2018 年	2019 年	2020 年
东部地区	253.20	325.00	405.00	506.20	661.90
中部地区	37.10	46.30	62.40	81.70	111.20

续表

	2016 年	2017 年	2018 年	2019 年	2020 年
西部地区	22.50	29.30	39.70	47.40	60.50
全国总数	312.80	400.60	507.10	635.20	833.60

资料来源：根据《2016 年度快递市场监管报告》《2017 年度快递市场监管报告》《2018 年度快递市场监管报告》《2019 年度快递市场监管报告》《2020 年度快递市场监管报告》整理得到。

中国邮政快递报社发布的《2019 年全国快递从业人员职业调查报告》显示，65.43%的一线快递员每日派件在 0—150 件之间（其中 100—150 件的占比为 26.43%），80.86%的一线快递员每日收件在 50 件以下。由于东部地区的业务量和交通发达水平均高于中西部地区，东部地区快递员的平均日派件量高于中西部地区，基于《2019 年全国快递从业人员职业调查报告》的数据，本书将东部地区一线快递员的单日平均收派件量设为 120 件，中西部地区设为 60 件，进而对 2016—2020 年一线快递员规模进行估算。一线快递员一般实行轮休制，每周休息 1—2 天，按每人每周休息 2 天进行测算，扣除法定节假日 11 天，一年有效工作时间约为 250 天。假设日均快件处理量的增长全部由一线快递员的增长导致，则 2016—2020 年的一线快递员数量分别为 124.13 万人、158.73 万人、203.07 万人、254.80 万人、335.10 万人。然而，不是所有快递员在统计年份中都处于全年持续工作状态，与其他新就业形态一样，快递员的流动性也很大，每个月都有快递员加入和退出。对青年快递员和外卖服务人员的调查研究显示，在来自城市的近 1700 份样本中，40%左右的快递员从事当前快递工作的年限在 1 年及以下，其中半年及以下的比例约占 22%[①]。如果考虑这一因素的影响，假设 40%的快递员全年有效工

---

① 廉思等：《中国青年发展报告 No.4——悬停城乡间的蜂鸟》，社会科学文献出版社 2019 年版，第 100 页。

作时间为半年（仅考虑每人每周休息 2 天的情况下，有效工作天数为 128 天），则 2016—2020 年的一线快递员数量将分别达到 154.24 万人、197.23 万人、252.32 万人、316.60 万人、416.38 万人。因此，截至 2020 年，活跃的一线快递员规模大概在 335.10—416.38 万人之间。

网约车、网络送餐、快递配送领域的新就业形态分别按最大和最小规模计算，将四类主要类型就业规模汇总得到中国新就业形态总就业规模和五年变化趋势（如图 5.1 所示），可以看出，2016—2020 年新就业形态就业规模呈现持续增长趋势，但在 2018 年以后增长速度有所放缓。截至 2020 年，中国新就业形态就业规模为 5463—6433 万人，与全国就业人数 7.7 亿人相比，新就业形态占总就业规模的 7.09%—8.25%。由于数据获取的限制，一些新就业形态尚未包含在测算中，例如在货物运输网约车平台、劳动技能交易平台、知识分享平台的就业人群等。整体来看，伴随各类互联网平台的高速发展，新就业形态的就业规模仍在迅速增长，预计很快将

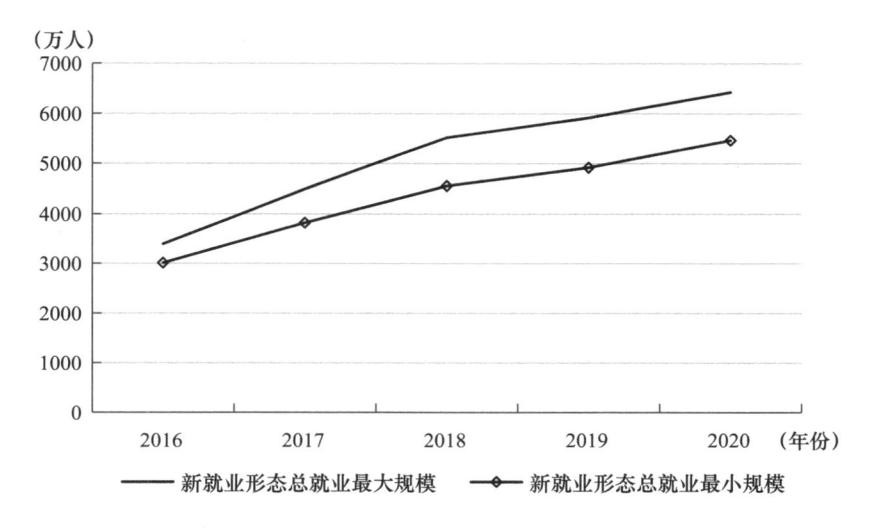

图 5.1　2016—2020 年新就业形态就业规模

达到总就业规模的10%以上,就业类型也不断多样化,对传统就业形态产生广泛而深远的影响。然而,与此形成对比的是,官方统计体系仍缺乏对新就业形态的跟踪和调查,特别是缺少对不同类型就业特征的关注。在本书的估算框架下,官方统计部门应当将新就业形态的社会调查纳入当前的统计体系,针对不同类型的新就业形态开展长期跟踪调查,这将有利于及时掌握和发现中国新就业形态的发展态势和潜在问题。

第六章

新就业形态的发展特征与存在问题

第一节 新就业形态的发展特征

一 研究数据与方法

网约车是最为大众熟知的数字经济新模式、新业态之一，也是最早兴起的一种新就业形态，对新就业形态的发展以及灵活就业方式的普及起到了关键的市场教育作用。不管是在国外还是在国内，网约车司机都是新就业形态（或零工经济）最主要的组成部分。通过与国内某头部网约车平台进行合作，本书对全国网约车新就业形态的总体规模、区域特征开展相关估算分析，并尝试评估新冠疫情对新就业形态的影响。

本书所使用的数据包括某网约车平台数据、宏观数据和调查问卷数据三类。本书结合网约车平台数据和宏观就业数据，构建网约车新就业规模相关的指数，刻画不同省份新就业形态的发展趋势和区域特征。具体来说，以季度为时间周期，估算2019年1月至2020年9月中国31个省份的网约车司机就业规模，以网约车新就业占比即网约车新就业人数在总就业人数中所占比例，来反映网约车新就业规模的变化情况。由于数据提取时国家统计局只公布了

2018年之前的区域就业数据,在计算时用常住人口数代替就业总人数,并构建网约车新就业规模指数。首先,计算31个省份每季度网约车活跃司机数占该季度当地常住人口的比例,得到网约车新就业规模占比。其次,使用Z值法(Z-Score)对网约车新就业规模占比进行标准化,为了保证指数在时间和区域上都具有可比性,本书选取2020年第三季度(7—9月)作为基准t_0,计算过程如式(6.1)所示。最后,将得到的Z值重新调整成百分制,Z值为0设置为基准值50分,一个标准差对应的分值为20分。如果某季度某省份网约车新就业规模指数高于50分,表示该季度的新就业规模高于2020年第三季度31个省份的平均值。

$$Z_{i,t} = \frac{x_{i,t} - \mu_{t_0}}{\sigma_{t_0}}(i = 1,2,3,\cdots,31) \qquad (6.1)$$

本书采用同样的方法构建了网约车收入指数和网约车灵活就业指数。对于网约车收入指数,首先用各省份每季度网约车活跃司机平均月收入除以该季度当地最低月收入标准,得到月收入倍数;其次,选取2020年第三季度(7—9月)作为基准t_0,使用Z值法(Z-Score)对月收入倍数进行标准化;最后,将得到的Z值调整成百分制。网约车灵活指数的构建是基于网约车司机的兼职比例,即某省份(城市)每季度网约车活跃司机中从事兼职的比例,进行标准化计算得到。

此外,本书还针对该平台的司机用户设计了一项问卷调查,对他们的年龄、收入、职业、户籍、家庭情况、工作转换状态等方面进行了深入考察。问卷于2020年9月借助该公司的问卷平台发放,共回收来自316个城市的4.3万份问卷。问卷调查帮助我们进一步了解新就业形态在微观层面的特征和趋势。

二 网约车新就业的发展特征

（一）网约车新就业规模

本书对不同省份的网约车新就业规模进行了分析，图6.1呈现了2019年第三季度、2020年第二季度和2020年第三季度31个省份的网约车新就业规模指数变化情况。从时间角度来看，除上海、西藏、甘肃、河南四个省份以外，其他省份2020年第三季度的网约车新就业规模指数均低于去年同期，其中北京、广东的下降幅度最大。与2020年第二季度相比，绝大多数省份的网约车新就业规模指数有所增长，其中北京、四川、陕西、山西、青海等省份的增长幅度最大，一定程度上反映了这些省份在经济活动恢复上的良好表现。

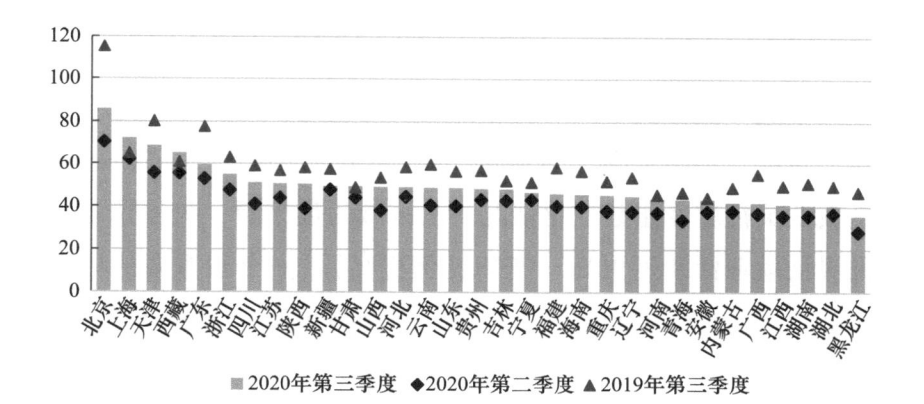

图6.1 31个省份网约车新就业规模变化情况

本书用同样的方法分析了不同省份网约车新就业的收入变化趋势，图6.2呈现了2019年第三季度、2020年第二季度和2020年第三季度31个省份的网约车收入指数变化情况。从区域来看，广东、福建、湖南、海南、浙江五个省份的就业收入指数最高，反映了这些省份网约车司机在收入上的相对优势。从时间趋势来看，大多数省份 2020 年第三季度的网约车收入指数都低于去年同期，网约车收入呈现下降趋势。

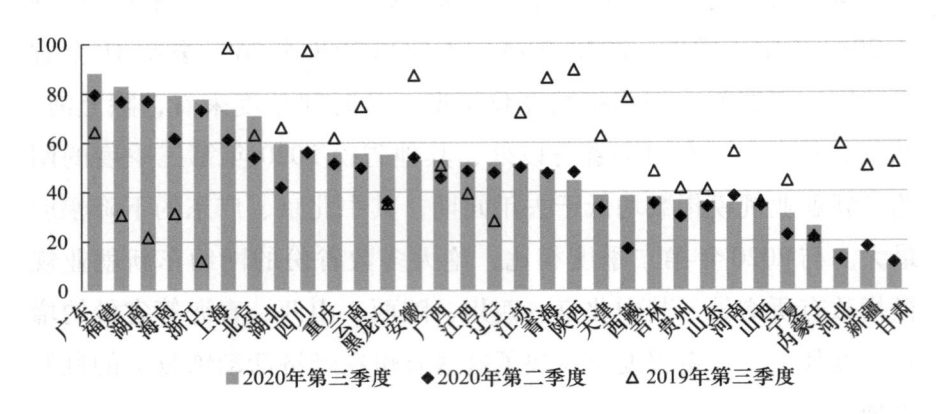

图 6.2　31 个省份网约车新就业收入变化情况

（二）灵活就业发展趋势

本书进一步分析了灵活就业指数的变化趋势，图 6.3 表示 2019 年第三季度、2020 年第二季度和 2020 年第三季度 31 个省份的网约车新就业灵活就业指数变化情况。从区域角度来看，欠发达省份司机的灵活就业活跃度更高（兼职比例更高），一个很重要的原因是欠发达地区工作强度和收入水平低，有条件也有需求去兼职。从时间趋势来看，2020 年第三季度绝大多数省份的灵活就业指数高于第二季度，反映了新冠疫情之后的缓慢恢复。与 2019 年第三季度相比，大部分省份的灵活就业指数低于去年同期，其中天津、广西的下降幅度最大，甘肃、新疆、西藏、安徽、上海与去年同期的差距最小。

三　网约车新就业对传统就业的影响

新就业形态提供大量就业机会的同时，也对传统就业结构和模

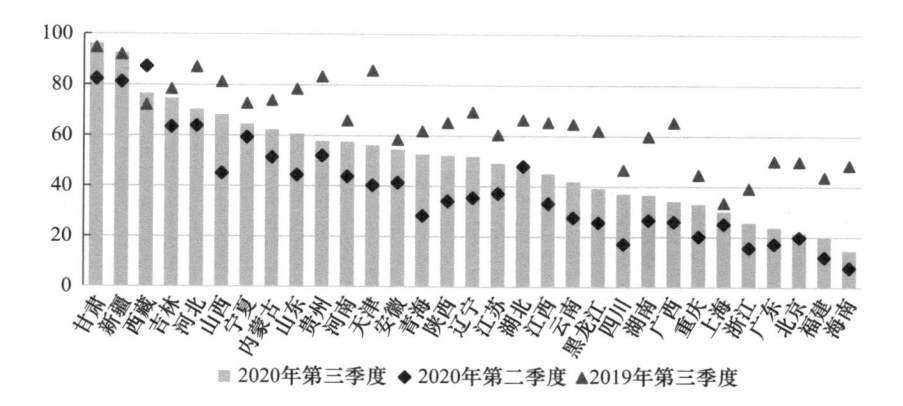

图 6.3　31 个省份网约车新就业灵活就业指数变化情况

式产生深远影响，本书通过对网约车司机原有工作和兼职工作的分析，研究新就业对传统就业结构的影响和作用。本书首先对专职司机在从事网约车服务之前所从事职业的行业分布进行了分析，如图 6.4 所示，专职司机主要来自制造业、交通运输业、批发零售业、建筑业和住宿餐饮业等，即超过一半来自制造业和传统服务业，反映了网约车新就业相对于传统服务业具有更大的吸引力。其次对兼职司机所从事本职工作岗位的行业分布进行了分析，如图 6.5 所示，制造业、交通运输业和建筑业也是主要来源，但居民服务、修理和其他服务业，卫生/教育/公共管理/机关团体，信息传输、软件和信息技术服务业等行业的占比显著高于专职司机。这一现象一方面体现了这些行业的工作具备更强的灵活就业条件，另一方面也反映出网约车新就业相对于公共服务和专业服务行业的吸引力。总体来看，网约车新就业从制造业和传统服务业吸引了大量劳动力，不仅推动第三产业就业规模增长，也对传统服务业向现代服务业的转型升级有积极的促进作用。

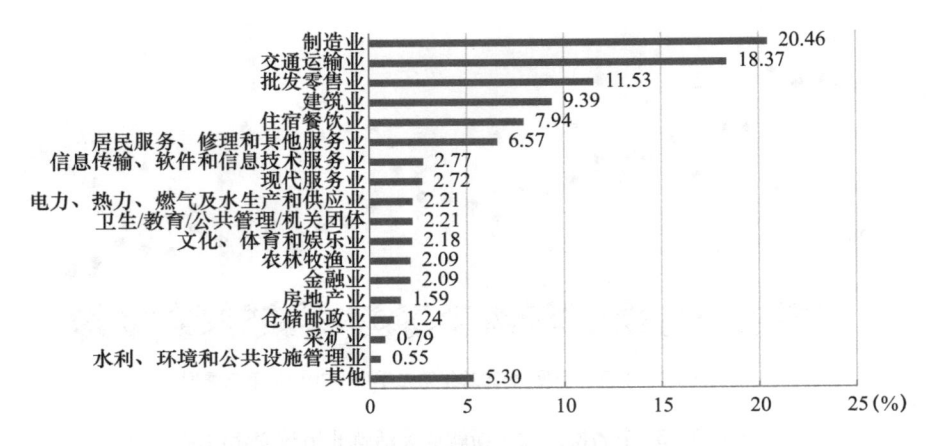

图6.4 专职司机原来从事职业的行业分布

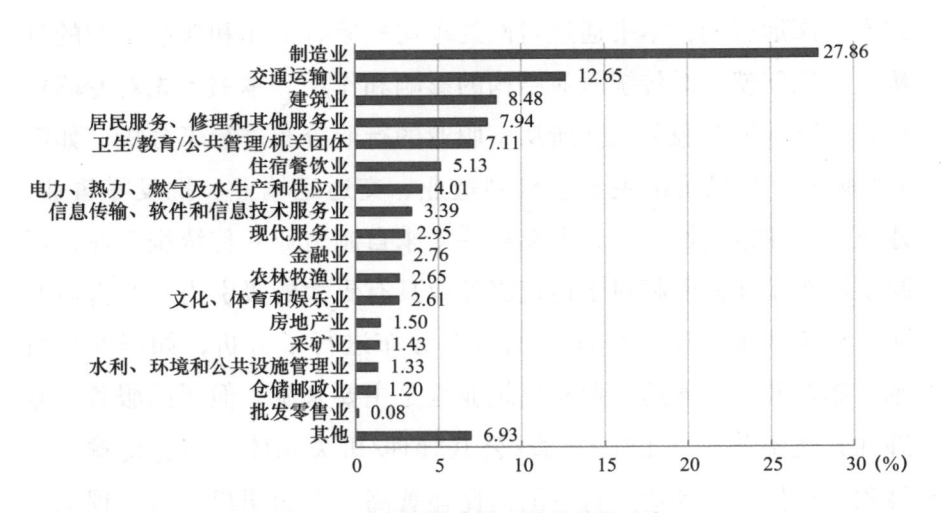

行业	百分比(%)
制造业	20.46
交通运输业	18.37
批发零售业	11.53
建筑业	9.39
住宿餐饮业	7.94
居民服务、修理和其他服务业	6.57
信息传输、软件和信息技术服务业	2.77
现代服务业	2.72
电力、热力、燃气及水生产和供应业	2.21
卫生/教育/公共管理/机关团体	2.21
文化、体育和娱乐业	2.18
农林牧渔业	2.09
金融业	2.09
房地产业	1.59
仓储邮政业	1.24
采矿业	0.79
水利、环境和公共设施管理业	0.55
其他	5.30

图6.5 兼职司机本职工作的行业分布

行业	百分比(%)
制造业	27.86
交通运输业	12.65
建筑业	8.48
居民服务、修理和其他服务业	7.94
卫生/教育/公共管理/机关团体	7.11
住宿餐饮业	5.13
电力、热力、燃气及水生产和供应业	4.01
信息传输、软件和信息技术服务业	3.39
现代服务业	2.95
金融业	2.76
农林牧渔业	2.65
文化、体育和娱乐业	2.61
房地产业	1.50
采矿业	1.43
水利、环境和公共设施管理业	1.33
仓储邮政业	1.20
批发零售业	0.08
其他	6.93

基于对网约车司机来源的分析，我们发现得分排名前20的城市中将近一半是资源型城市，例如普洱市、凉山彝族自治州、三明市、呼伦贝尔市、唐山市等。资源型城市近年来一直努力推进产业的转型升级，数字经济和新就业形态的发展是产业转型升级的重要方向。本书从两个角度分析网约车新就业对第一、第二产业的就业

吸纳情况①,一个是网约车专职司机原来从事工作的行业归属,另一个是网约车兼职司机目前从事本职工作的行业归属。如表6.1和表6.2所示,不论是专职司机还是兼职司机,从第一产业转移到网约车新就业比例最高的省份以中西部省份为主。从第二产业的就业吸纳情况来看,江苏、浙江等制造业大省的吸纳比例最高,后续排名上专职和兼职司机表现出较大差异,兼职司机第二产业吸纳率高的省份相对来说经济更加发达。

表6.1　　　　专职司机第一、第二产业的吸纳率　　　　单位:%

排名	省份	第一产业就业吸纳率	省份	第二产业就业吸纳率
1	广西	4.96	江苏	41.05
2	内蒙古	4.83	浙江	38.30
3	宁夏	3.57	天津	38.16
4	海南	3.46	河北	36.78
5	云南	2.94	重庆	36.44
6	福建	2.92	山东	35.57
7	山东	2.82	四川	35.13
8	山西	2.60	贵州	34.60
9	湖北	2.45	湖北	34.59
10	贵州	2.44	江西	34.39

表6.2　　　　兼职司机第一、第二产业的吸纳率　　　　单位:%

排名	省份	第一产业就业吸纳率	省份	第二产业就业吸纳率
1	山西	6.36	浙江	55.61
2	江西	6.25	江苏	51.43
3	广西	5.16	山西	46.36
4	内蒙古	4.76	广东	46.15

① 本书所指第一产业包括农林牧渔业,第二产业包括采矿业、建筑业、制造业,电力、热力、燃气及水生产和供应业。

续表

排名	省份	第一产业就业吸纳率	省份	第二产业就业吸纳率
5	云南	4.66	山东	45.19
6	湖南	4.52	吉林	44.90
7	贵州	4.43	上海	44.68
8	福建	3.88	天津	44.50
9	山东	3.39	四川	42.50
10	湖北	3.36	湖北	42.16

第二节 新就业形态发展存在的问题

本书综合官方统计数据、网络平台数据及社会调查数据开展的估算表明，截至2020年，中国31个省份电子商务、网约车、网络送餐、快递物流四大领域的新就业形态就业规模约为5463—6433万人，在总就业中的占比达到7.09%—8.25%，新就业形态已经成为中国就业的重要组成部分。数字经济的快速发展仍在不断催生各种类型的新就业形态，除了四大主要的新就业形态类型，近年来货物运输网约车平台、劳动技能交易平台、知识分享平台、网络直播平台的新就业规模也在不断扩大，未来新就业形态在总就业规模中的占比有望很快达到10%以上。随着数字经济的快速发展渗透，新就业形态规模的扩大将是必然趋势，未来须顺应趋势积极应对。新就业形态在带来新的就业机会的同时，也带来一系列新的问题和挑战。从当前发展阶段来看，主要有两方面问题：一是新就业形态对以劳动关系为中心构建的传统劳动者权益保护与劳动关系协调机制带来全新挑战，二是新就业形态短期内对年轻劳动力的大量吸纳给中国人力资本的长期积累带来潜在隐患。

一　新就业形态下的劳动权益和社会保障

新就业形态出现以来，劳动者与平台型企业的关系界定是社会长期争论的焦点，由关系不确定性带来的各种问题在新冠疫情之后变得更加突出。就当前几种典型的新就业形态网约车、外卖配送、快递行业来说，超时工作非常普遍，劳动者在平台抽成机制等核心问题上缺乏议价能力，且劳动者缺乏正规就业中劳动法所规定的社会保障和劳动关系协调渠道。随着新就业形态规模的不断增长，如果越来越多的就业人员在养老保险和医疗保险体系之外，对个人和社会而言都将是巨大风险，长期的矛盾积累将给社会稳定带来潜在的威胁。

当前，新就业形态用工模式在不同地区和不同行业表现出高度复杂性，围绕新就业形态劳动保障的司法、立法、行政监管成为全球关注的热点[1]。国外针对新就业形态劳动权益保障的研究集中于劳动者身份认定、最低工资、工时保障、就业自由、集体谈判等问题，以及数字平台对劳动者的工作控制和责任规避[2]。中国新就业形态劳动权益保障面临的问题与其他国家既有相似之处，也有基于中国国情的独特问题。例如中国同样面临新就业形态劳动者身份认定和平台监管问题，但是与西方国家相比，中国新就业形态劳动者工资收入比传统低技能劳动者更高，学术界和业界关注的重点更多集中在社会保障方面[3]。因此，加强新就业形态劳动者的劳动权益

---

[1] Vallas S. and Schor J. B., "What do Platforms do? Understanding the Gig Economy", *Annual Review of Sociology*, Vol. 1, No. 46, 2020.

[2] Aloisi A., "Commoditized Workers, Case Study Research on Labour Law Issues Arising from a Set of 'On-Demand/Gig Economy' Platforms", *Comparative Labor Law&Policy Journal*, Vol. 3, No. 37, 2016; Stewart A. and Stanford J., "Regulating Work in the Gig Economy: What are the Options?", *The Economic and Labour Relations Review*, Vol. 3, No. 28, 2017.

[3] 张成刚：《新就业形态劳动者的劳动权益保障：内容、现状及策略》，《中国劳动关系学院学报》2021年第6期。

保障的意义不仅仅是补齐社会保障体系的"短板",对扩大中等收入群体、促进共同富裕也具有重要意义。

(一)新就业形态劳动权益问题的根源

数字平台是新就业形态发展的基础,数字平台代表了一种独特的治理机制,与传统市场的等级制度或网络结构不同,在就业形态、就业方式、工作组织等方面带来颠覆性的影响与变革。首先,新就业形态通常能够利用互联网以极快的速度匹配工作的需求和供应,劳动者对互联网的高度可及性使得在同一时间点能够聚集大量可提供服务的劳动者,导致工资报酬不断被压低[1]。其次,新就业形态与标准就业相比,最大的特点是就业门槛低和工作的灵活性,然而在实际中并非完全如此。一方面,由于平台经常出现劳动力供大于求的情况,劳动者可能不得不工作很长时间,放弃大量的灵活性以提高实际收入;另一方面,数字平台普遍存在的算法控制对劳动者的灵活性、自主性也产生了极大的限制,这些控制机制也进一步导致低工资、社会隔离、非社会性和不规则的工作时间、睡眠不足和疲惫等问题[2]。再次,新就业形态下的诸多工作在将工作外包的同时,也将很多本属于平台的责任和风险进行了转移。例如新就业形态中普遍存在的用户评价机制,来自用户的评价对劳动者未来的工作和收入将产生严重影响,在这个过程中本属于平台的责任被转移给了劳动者。事实上,作为中介的数字平台不仅免除了潜在的替代责任和对客户的保险义务,还规避了一系列与就业法和劳动保护法有关的责任,例如执行最低工资标准、缴纳社会保障费、反歧

---

[1] De Stefano V. M., "The Rise of the 'Just-in-Time Workforce': On-Demand Work, Crowd Work and Labour Protection in the 'Gig-Economy'", *Comparative Labor Law and Policy Journal*, Vol. 3, No. 37, 2016.

[2] Wood A. J., Graham M., Lehdonvirta V. and Hjorth I., "Good Gig, Bad Gig: Autonomy and Algorithmic Control in the Global Gig Economy", *Work, Employment and Society*, Vol. 1, No. 33, 2019.

视条例、病假工资和假期，等等①。最后，新就业形态的用工模式使得平台企业大大节约了劳动力成本，这在劳动力市场形成了不良示范，导致部分正规经济的非正规化，促使更多劳动力被排除在劳动和社会保护之外。由此带来的市场不公平竞争问题还可能进一步刺激社会环境的恶化，使工作条款和条件变得更差。有研究者认为，如果对新就业形态不加管制，有可能使之演变为数字版的"泰勒主义"②，在损害工人的安全、教育和技能发展的情况下对工作的有效剥削。

（二）新就业形态劳动权益保障的主要内容与改革方向

劳动权益通常分为个体劳动权和集体劳动权，前者主要指由劳动者个别享有并由个人自主行使的权利，包括劳动就业权、劳动报酬权、劳动条件权和劳动救济权；集体劳动权则是由劳动者集体享有，主要由劳动者代表如工会行使的权利③。新就业形态对以雇佣关系为中心构建的劳动者权益保护机制带来全新挑战，如何完善新就业形态劳动者的权益成为各国社会保障和司法改革的重要内容。美国、英国和欧盟国家主要侧重于对劳动报酬权、劳动条件权和集体劳动权等相关权益的保障，尤其是最低工资、集体谈判等权利。其背后的主要原因是，这些国家新就业形态劳动者仍然处于收入分配结构的底层。而中国对新就业形态劳动者的劳动权益保障主要侧重于劳动条件权和劳动救济权，特别是社会保障相关的权利④。事实上，新就业形态增强了对劳动者劳动就业权和劳动报酬权的保

---

① Todol I Signes A. A. N., "The 'Gig Economy': Employee, Self-Employed or the Need for a Special Employment Regulation?", *Transfer: European Review of Labour and Research*, Vol. 2, No. 23, 2017.

② Aloisi A., "Commoditized Workers, Case Study Research on Labour Law Issues Arising from a Set of 'On-Demand/Gig Economy' Platforms", *Comparative Labor Law&Policy Journal*, Vol. 3, No. 37, 2016.

③ 张成刚：《新就业形态劳动者的劳动权益保障：内容、现状及策略》，《中国劳动关系学院学报》2021年第6期。

④ 孟续铎、吴迪：《平台灵活就业新形态的劳动保障研究》，《中国劳动关系学院学报》2021年第6期。

障。2021年7月16日,人力资源社会保障部、国家发展改革委、交通运输部、应急部、市场监管总局、国家医保局、最高人民法院、全国总工会发布了《关于维护新就业形态劳动者劳动保障权益的指导意见》,对网约配送员、网约车驾驶员等新就业形态劳动者的权益保障责任提供了全面、明确的指导,体现了中国对新就业形态劳动者权益保护制度建设的高度重视。

由于劳动权益通常与雇佣关系绑定,当前面临的一个根本性问题是新就业形态劳动者的身份认定。在大多数国家,数字平台通常与新就业形态劳动者签订工作承包合同而不是雇佣合同,将他们视为"独立承包商"。在这样的背景下,针对新就业形态劳动者劳动权益保障的改革主要有两个方向。第一个方向是通过赋予新就业形态劳动者被雇佣者或工人身份来保证相应的劳动权利保障,例如美国和英国。美国法院在判定新就业形态通常会看平台与劳动者的实际工作关系,而不仅仅是合同中的约定,美国加州最高法院专门出台了判定员工是否为独立承包商的标准[1]。在英国,法律对劳动者的区分主要包括自营职业者和承包商、工人和雇员,新就业形态劳动者通常被判定为工人,享受国家最低工资、防止歧视、工作时间和年假等部分就业保护。第二个方向是跳出身份认定的框架,对新就业形态劳动者给予最低权利保障,或者通过新的法规将劳动保护范围扩大到雇佣关系之外,例如欧盟和澳大利亚。2019年,欧盟议会发布新规要求为零工经济从业者提供包括有偿培训、就业自由、工时保障等一系列最低权利保障,这也是落实《欧盟社会权利支柱法案》的关键一步[2]。澳大利亚则试图超越工作关系对劳动权益的

---

[1] Donovan S. A., Bradley D. H. and Shimabukuru J. O., "What Does the Gig Economy Mean for Workers", *Congressional Research Service Report*, 2016.

[2] Allon G., Cohen M. C. and Sinchaisri W. P., "The Impact of Behavioral and Economic Drivers on Gig Economy Workers", *Manufacturing & Service Operations Management*, Vol. 4, No. 25, 2023.

限制，通过建立工作健康和安全法（WHS）来确保任何劳动者都能得到基本的健康和安全保护。

二 新就业形态发展与人力资本积累

中国劳动力市场已经越过刘易斯拐点，市场供给从过剩向短缺转变，未来经济的高质量增长将主要依赖人力资本的高质量发展，而新就业形态提供的就业岗位本身所需技能结构简单，而且绝大多数劳动者无法在工作中获得技能提升，长期来看是对国家劳动力资源的错配甚至浪费。2020年后，国家层面出台了一系列政策措施鼓励新就业形态的发展，但各地在实际推动过程中应当谨慎看待新就业形态在短期内创造的效益，在推动数字经济和新就业形态发展的同时，也要兼顾人力资本的长期积累，针对已经或可能出现的问题积极应对解决，为此提出了以下几方面的政策建议。

第一，构建适应数字生产力进步的数字生产关系，给予新就业形态下的劳动关系更清晰的界定。在劳动关系界定方面，可以考虑将网络平台与劳动者的关系做出区别对待，例如将专职劳动者（劳动者主要收入来源为单一平台）划归为劳动关系，并通过算法保证劳动者在市场交易中的最低收入符合最低工资标准，以及其他劳动法规定的应有权益；而将兼职劳动者划归为非劳动关系，根据特定的情形采取不同的规制手段，对不同的平台企业施加不同的责任。

第二，针对新就业形态的特点完善传统劳动者权益保护与劳动关系协调机制。在劳动关系协调方面，拓展传统工会的作用，在各级总工会中增设专门的新就业事务协调部门，由工会、劳动保障部门、互联网平台等多方协商确立不同行业、不同工作性质的劳动时间、最低工资、劳动保护等标准，在新业态背景下保护劳动力提供者的权利；在劳动者社会保障方面，由于不同新就业形态的差别很大，难以建立适用于所有形态的社会保障，可以考虑设立分层保障体系，坚持底线保障原则，强制平台企业为新就业形态员工提供基本的职业安全和工伤类保障，通过财政补贴或税收减免的形式鼓励平台和专职劳动者加入医疗保险和养老保险体系。

  第三，针对新就业形态的顶层设计应当兼顾短期就业稳定与长期人力资本积累的平衡，为长期可持续发展做好人力资本的储备。当前大量年轻劳动力涌入新就业形态，需要警惕这种过度发展对长期人力资本积累产生的负面影响。年轻劳动力的技能提升是人力资本积累的关键，中国应当从顶层设计着手建立面向全民的技能提升计划，促使互联网平台企业在新就业形态人才培养上承担更多的社会责任。

第七章

数字技术应用对制造业就业的影响

第一节 第四次工业革命与制造业数字化转型

19世纪后期以来，以电子计算机、互联网等信息技术为代表的第三次工业革命极大地推动了制造业的自动化，提高了生产效率，给制造业带来空前繁荣的同时，也带来了全球能源、环境等方面的诸多问题。近几年，随着物联网、大数据、云计算、人工智能等新一代信息技术的发展渗透，制造领域开始积极探索如何利用这些新技术进一步普及和发展自动化，提高生产效率和能源利用效率，使工业制造更加智能和清洁，进而在全球范围内掀起了第四次工业革命的浪潮。从21世纪初开始，价值链上制造业部门的附加值比重不断下跌，第四次工业革命为提高制造业整体附加值提供了重大机遇，对于依靠劳动力优势长期在制造业低价值端提供服务的国家而言，更是一次难得的发展机遇。全球主要工业国家纷纷出台相关政策措施，基于本国制造业的发展特点，制定了短期或中短期的发展规划推动制造业的转型升级。

一 制造业数字化转型的主要方向

美国政府于2009年启动"再工业化"战略，先后公布了《重振美国制造业框架》《先进制造业伙伴计划》《先进制造业国家战略计划》和《美国先进制造业领导力战略》，意在鼓励制造企业重返美国，巩固美国制造业在全球的地位。德国政府于 2006 年发布《高技术战略》，并在 2010 年及 2014 年两次对其进行了框架调整。在 2014 年调整时，增加了"工业 4.0"前沿项目。德国期望通过建立信息物理系统（CPS）及采用供应和市场的双重策略，使自己的机械和设备制造商在未来继续保持全球领先地位，并在第四次工业革命中起到引领作用。在上述背景下，美、德两国提出了各自的先进制造业发展战略模式。美国通用电气公司（GE）于 2012 年率先提出"工业互联网（IioT）"概念，德国则推出了基于物联网（IoT）的工业 4.0 模式，这两种模式对全球制造业的数字化转型产生了广泛而深远的影响。尽管概念上有所不同，其本质都是为了推动新一代信息技术与工业系统的深度融合。2012 年以来，发展物联网或工业互联网，已经成为各国加速制造业数字化转型，抢占全球价值链竞争优势的关键领域。

  2014 年 GE 推出全球第一个专为工业互联网开发的云服务平台 Predix，致力于建立企业生产运行过程中人员、设备、物料等相互连接的内部网络系统，利用植入物联网技术的"智能设备"采集生产运行数据，通过数据挖掘和数据分析，为生产管理提供实时决策参考，进而优化生产流程和制造工艺，形成企业生产运行的良性循环。GE 之后，美国互联网和制造业巨头公司纷纷布局工业互联网，微软、亚马逊、PTC、罗克韦尔、思科、艾默生、霍尼韦尔等公司都着手搭建了工业互联网平台，与此同时各类初创企业也进入工业互联网产业细分领域，带动前沿平台技术创新。德国西门子公司则推出了面向市场的"平台即服务"（PaaS）形式的工业云平台 MindSphere，旨在帮助不同行业、大小规模的企业快速高效地收集和分析工业现场的海量数据，帮助客户提升生产效率，进而开发新的商业模式，最终构建一个更加开放的生态系统。除了西门子，还有 ABB、博世、施耐德、SAP 等欧洲工业巨头也依靠自身的制造业基础优势，大力推进工业互联网平台建设。

中国也积极拥抱第四次工业革命浪潮，在 2015 年提出"中国制造 2025"计划，将推进制造业转型升级、发展智能制造提升到国家战略层面，之后相继出台了一系列政策措施来推动先进制造、工业互联网、工业 App 的发展和建设。在工业和信息化部的指导下，由工业、信息通信业、互联网等领域百余家单位共同发起并于 2016 年 2 月成立的工业互联网产业联盟，对中国工业互联网发展起到了极大的促进作用。根据多个机构的估算结果，2015 年以来中国的工业互联网产业呈快速增长势头，年均增速在 15% 左右。2018 年产业规模在 5500 亿元左右，工业互联网平台数量已经超过 200 家。腾讯、阿里、华为等互联网高科技企业借助自身在新一代信息技术领域的优势，强力布局工业互联网基础设施服务平台（IaaS）。航天云网、徐工集团、三一重工、海尔集团等依托自身多年的制造业数字化积淀，也积极推出专业化的工业互联网平台服务。国内互联网和制造业领军企业的强力布局，为中国在智能制造领域的全球竞争中赢得一席之地，也极大地提高了制造业的数字化、智能化水平。

二 制造业数字化转型带来的就业变革

信息通信技术变革和国家的政策引导，极大地推动了制造业的转型和升级。与 20 年前相比，制造业在理念和范式上经历了巨大的变化，例如从技术驱动转向客户需求驱动，从追求尖端科技突破变为追求多元化和用户友好性，从独立式发展转向包容性、合作型发展，从分散的资源配置到高度融合的资源协同，等等。这些新的趋势体现了全球制造业转型升级的方向，ICT 技术的革新正在快速推动制造业核心技术和制造能力的发展，同时带来了组织模式和商业模式的变化，这对传统的制造业就业产生了广泛而深远的影响。首先，数字化转型为制造业带来了新的就业机会。随着数字化技术的普及，制造业需要更多的技术人才来应对新的挑战和需求。例如，工业物联网的兴起为制造业创造了大量的数据分析和物联网技术相关的工作岗位。此外，人工智能和大数据分析等新兴技术也为制造业带来了新的就业机会。其次，数字化转型催生了新的产业和新的商业模式，为制造业带来了更多的就业机会。例如，3D打印技术的发展为制造业带来了全新的生产方式，需要专业人才来设计和操作3D打印机。另外，随着可再生能源和清洁技术的兴起，制造业也需要更多的工程师和技术人才来推动可持续发展。这些新兴产业和商业模式为制造业创造了更多的就业机会，尤其是在高技能领域。然而，制造业的数字化转型也引发了自动化和智能化的浪潮，这对传统制造业就业产生了负面的影响。随着机器人技术的快速发展，许多传统的劳动密集型工作岗位正逐渐被自动化取代。例如，传统的装配线工人可能会被机器人代替，从而导致大量的工人失去工作机会。这对于那些依赖传统制造业就业的人们来说是一个巨大的挑战。

根据国际机器人联合会的数据，全球工业机器人安装量从2012年的15.9万台大幅提升到2022年的55.3万台，常年保持着两位数以上的增长率[1]。在新冠疫情之后，在亚洲和欧美地区，机器人安装量都达到了新的高峰。亚太地区是全球最大的工业机器人市场，其中中国市场做出了巨大贡献，销量遥遥领先于其他国家和地区。2022年中国工业机器人销量在全球市场份额占比约为52.5%，而十年前中国在全球市场份额占比仅为14%。工业机器人应用规模的

---

[1] IFR, *World Robotics 2023*, 2023.

不断扩大对中国的制造业劳动力市场产生重大影响。

第二节 机器人对劳动力市场的影响

一 机器人对就业的影响机制

机器人对就业的影响是近年来经济学的研究热点之一，不同国家的学者从理论和实证层面开展了大量研究。这些研究不只机器人应用对制造业就业的影响，而是着眼于更广泛的就业市场。从理论角度来看，既有研究认为，机器人应用主要对就业产生三方面的影响[①]。（1）替代效应，机器人的应用会取代一些重复性、标准化的生产任务，使生产过程中对劳动力的需求减少。（2）生产率效应，机器人的应用使得生产效率提高、生产成本下降，导致受自动化影响的产品价格下降带来的产品需求的提高，进而促使企业扩大生产规模，扩大对劳动力的需求。同时，企业自动化程度的加深提高了对资本的需求，所引发的资本积累也会提高对劳动力的需求。（3）恢复效应，机器人的使用同时也会创造出新的任务、职能和活动，使得劳动力需求得到提高。因此，机器人应用对劳动力市场的最终影响并没有定论，而是取决于以上三种效应的总体影响。

从实证角度来看，基于不同国家机器人应用情况和劳动力市场数据开展的实证检验也存在较大差异。Graetz 和 Michaels（2018）对 17 个发达国家行业内机器人采用的数据进行研究发现，机器人使用的增加对劳动生产率增长贡献了大约 0.36 个百分点，同时提高了全要素生产率、降低了产出价格，但并没有显著减少总就业人口[②]。

---

① Acemoglu D. and Restrepo P., "The Race Between Man and Machine: Implications of Technology for Growth, Factor Shares, and Employment", *American Economic Review*, Vol. 6, No. 108, 2018.

② Graetz G. and Michaels G., "Robots at Work", *Review of Economics and Statistics*, Vol. 5, No. 100, 2018.

Acemoglu 和 Restrepo（2020）针对美国劳动力市场的研究显示，机器人采用对就业产生了显著的负面影响，每千名工人中多出一个机器人，就业人口比将下降 0.18—0.34 个百分点，工资将下降 0.25%—0.5%[①]。然而，针对欧洲劳动力市场的研究得出相反的结论。Klenert 等（2023）针对欧盟 28 个国家的研究发现，机器人应用增加了总就业量，每千名工人中多出一个机器人应用，总就业人数增加 1.31%[②]。

虽然机器人对总体就业的影响尚无定论，大多数研究都表明机器人对劳动力市场的影响存在群体异质性，这种异质性导致了就业极化现象，即高技能和低技能劳动力份额不断上升，而中等技能劳动力不断下降。传统经济学理论提出的技能偏向型技术进步并不能很好地解释这种就业极化现象，美国麻省理工学院 David Autor 教授提出了任务偏向型技术进步理论（Task-Biased Technological Change）来解释这一现象[③]。他将工作任务分为两个维度：第一个维度是任务的性质，即属于"认知"还是"手动"。其中，认知任务依赖于推理、分析、语言理解、决策等高级认知能力，通常出现在办公室、专业技术或管理岗位中；而手动任务主要指涉及身体动作或操作技能，广泛存在于生产、运输、清洁等体力劳动密集型岗位。第二个维度是任务的结构性，即任务是"常规的"还是"非常规的"。其中，常规任务指的是那些可以通过遵循固定流程或明确规则完成的工作，易于程序化和标准化；而非常规任务则需要更高程度的判断力、灵活应变能力和环境适应性。例如，非常规手动

[①] Acemoglu Daron and Restrepo Pascual, "Robots and Jobs: Evidence from US Labor Markets", *Journal of Political Economy*, Vol. 128, No. 6, 2020.

[②] Klenert D., Fernández-Macías E., Antón J., "Do Robots really Destroy Jobs? Evidence from Europe", *Economic and Industrial Democracy*, Vol. 1, No. 44, 2023.

[③] Autor D. H., Levy F. and Murnane R. J., "The Skill Content of Recent Technological Change: An Empirical Exploration", *The Quarterly Journal of Economics*, Vol. 4, No. 118, 2003.

任务通常需要依赖于感知、协调和复杂操作能力，难以通过机器精确复制；非常规认知任务则涉及问题解决、创造性思维和人际沟通等能力，体现出高度的非结构化特征。基于这两个维度的交叉组合，工作任务被划分为四种典型的类别：常规认知任务、常规手动任务、非常规认知任务和非常规手动任务。重复的、可编程的任务很容易实现自动化，这导致常规任务劳动需求减少，而劳动力在处理非常规任务方面具有相对优势，这使得其劳动力需求增加，最终导致非常规任务能力溢价上升和工资不平等加剧。Acemoglu 和 Loebbing（2022）进一步构建了自动化分配模型[①]，不同复杂程度的任务被分配给资本或劳动技能的其中一个执行，而就业极化的产生与内部自动化（即中等技能人群）被机器人所取代有关。当高技能的工人在复杂任务中相比机器人具有比较优势时，内部自动化就会产生，此时自动化将执行中等任务工人推向低技能任务和高技能任务，导致就业和工资两极分化。

二　中国工业机器人发展情况及对就业的影响

根据中国机器人产业联盟（CRIA）的统计数据[②]，2013—2017年中国工业机器人市场销量快速增长，五年时间销量翻了一番。2018—2019 年，工业机器人市场销量出现轻微下降趋势，但在2020 年强势反弹。根据国际机器人联合会（IFR）公布的数据，2020 年中国工厂运行的工业机器人数量达到创纪录的 94300 台，同比增加 21%，新增出货量也大幅上涨[③]。过去两年，中国市场的工业机器人安装量仍在稳步上升。不过，尽管中国从 2016 年开始工

[①] Acemoglu D., Loebbing J., *Automation and Polarization*, National Bureau of Economic Research, 2022.
[②] 中国机器人产业联盟：《2020 年中国工业机器人市场信息发布》，2022 年。
[③] 国际机器人联合会：《世界机器人 2021 工业机器人报告》，2022 年。

业机器人保有量已经位居世界第一，但由于人口规模大，工业机器人密度低于日本、韩国等国，工业机器人渗透率仍具有上升空间。同时，中国正面临人口老龄化带来的劳动力供给不足问题，机器人应用为应对老龄化危机带来了新的解决方案。有学者使用2000—2015年58个国家的数据对机器人的替代能力进行了估计，发现目前一台机器人平均每年可以替代60000—83000个小时的劳动工作量，并通过对中国2050年老龄化程度和机器人使用程度预测，发现届时机器人能够弥补的劳动力工作可以部分抵消由人口老龄化带来的劳动力短缺问题[1]。由此来看，机器人蓬勃发展对中国劳动力市场的影响将更加复杂，一方面顺应了人口老龄化背景下制造业数字化转型的重要趋势，另一方面给劳动力市场（特别是传统制造业就业）带来深刻的影响和变革。

近年来，很多学者围绕中国机器人采用对制造业劳动力市场的影响开展实证研究，研究结论也不尽相同。闫雪凌等（2020）使用中国2006—2017年制造业分行业数据，发现工业机器人保有量每上升1%，就业岗位减少约4.6%[2]。王永钦和董雯（2020）使用2011—2015年中国行业机器人应用数据和制造业上市公司微观数据研究发现，工业机器人渗透度每增加1%，企业的劳动力需求下降0.18%[3]。王晓娟等（2022）的研究进一步发现[4]，机器人对制造业就业的影响具有时间不一致性，从短期来看，机器人应用对制造业就业数量和工资水平均存在负向冲击；而长期来看，机器人应用

---

[1] 刘骏、刘涛雄、谢康：《机器人可以缓解老龄化带来的中国劳动力短缺问题吗》，《财贸经济》2021年第8期。
[2] 闫雪凌、朱博楷、马超：《工业机器人使用与制造业就业：来自中国的证据》，《统计研究》2020年第1期。
[3] 王永钦、董雯：《机器人的兴起如何影响中国劳动力市场？——来自制造业上市公司的证据》，《经济研究》2020年第10期。
[4] 王晓娟、朱喜安、王颖：《工业机器人应用对制造业就业的影响效应研究》，《数量经济技术经济研究》2022年第4期。

对制造业就业数量会产生正向影响，而对就业平均工资水平仍然会造成负面冲击。针对中国劳动力市场的研究也发现了机器人应用带来的就业极化现象，一项基于中国工业企业数据和机器人进口数据的研究显示，机器人应用导致高技能和低技能劳动需求不断上升，而从事常规任务的中等技能劳动需求不断下降[①]。

三　对中国机器人就业替代情况的调查

2020年9—12月，我们通过"问卷星"平台向北京、上海、江苏、浙江、福建、广东、山东等省份企业发放《企业数字化建设与机器替代情况调查》问卷，共收回有效问卷71份，用于分析企业数字化转型动机、数字化转型和机器人替代现状与成效、机器人替代的就业冲击等内容。参与问卷调查的企业中，有52家包含生产制造环节的企业，其中42家在2010—2020年购置过自动化生产设备，包括数控机床、机械臂、工业机器人、智能机床、3D打印设备等。本书基于这些企业对问卷调查的反馈，分析了机器人对生产类岗位所带来的就业和收入影响，如图7.1和图7.2所示。从实地调查来看，自动化设备（包括工业机器人）使用的增加并没有带来生产类岗位的显著下降，30.95%的企业认为增加自动化设备后生产类岗位有所减少，28.57%的企业认为岗位数量"与之前差不多"，而40.48%的企业生产类岗位甚至出现了增长。其原因可能在于，自动化设备虽然可以带来单一设备或生产线的劳动力替代，但设备运维等配套性岗位的增加、市场需求驱动的生产规模扩大等因素都能够部分或全部抵消其替代作用。在收入影响方面，被调研企业的生产类岗位整体工资水平有所提升。14家企业选择工资增

[①] 何小钢、刘叩明：《机器人、工作任务与就业极化效应——来自中国工业企业的证据》，《数量经济技术经济研究》2023年第4期。

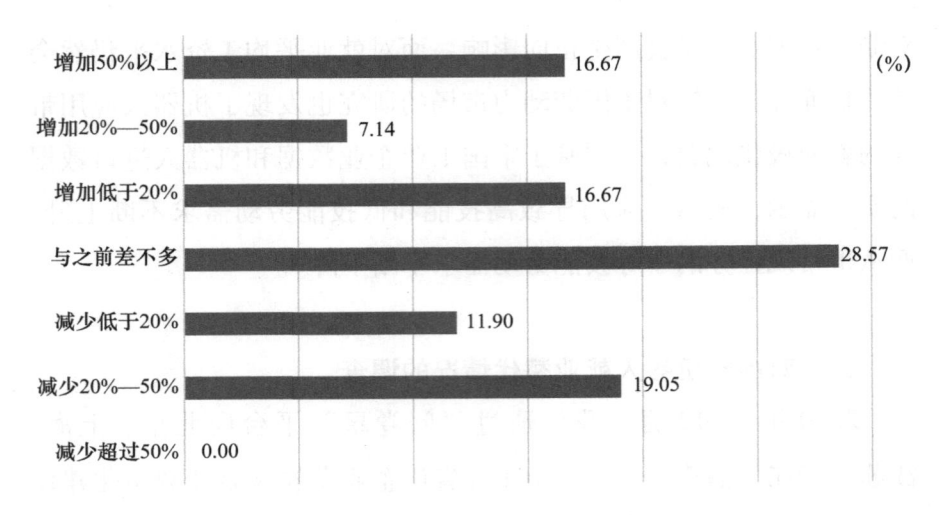

图7.1 使用自动化设备企业的生产类岗位数量变化情况

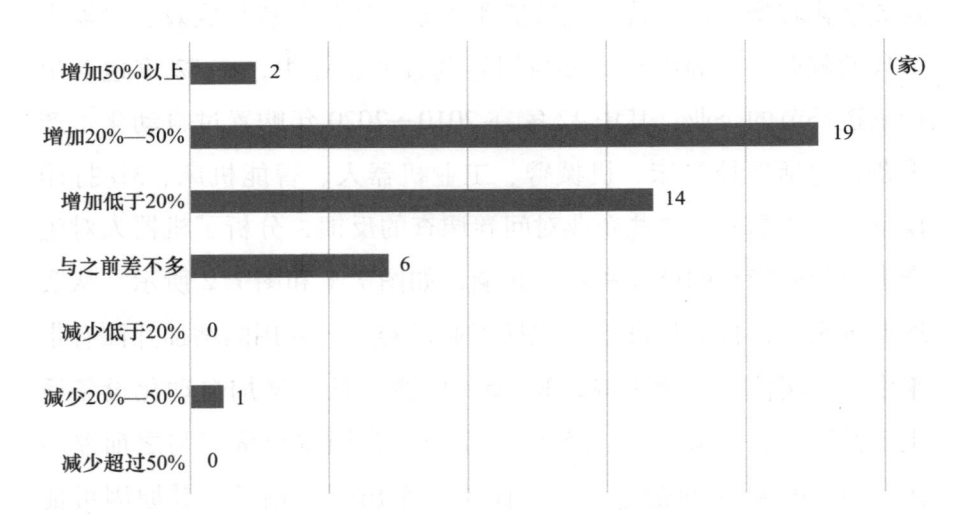

变化情况	百分比(%)
增加50%以上	16.67
增加20%—50%	7.14
增加低于20%	16.67
与之前差不多	28.57
减少低于20%	11.90
减少20%—50%	19.05
减少超过50%	0.00

图7.2 使用自动化设备企业的生产类岗位工资变化情况

变化情况	企业数(家)
增加50%以上	2
增加20%—50%	19
增加低于20%	14
与之前差不多	6
减少低于20%	0
减少20%—50%	1
减少超过50%	0

长低于20%，19家企业工资涨幅在20%至50%，另有2家企业涨幅超过50%。根据企业的反馈，生产类岗位工资水平的上升主要是受到从业人员整体学历和技能水平提高、各地普遍面临"招工难"困境等因素的影响，自动化设备带来的影响并非主因。

尽管现有数据无法支撑严格的统计推断，但相关数据趋势表明，机器人等自动化生产设备还没有展现出对生产类岗位的绝对替代作用，且生产类岗位薪酬也没有表现出技术进步所带来的负面冲击。相反地，大多数制造类企业普遍面临"招工难"、人才短缺等用工问题，推行机器人相关自动化设备的应用更多是为应对经济社会变化而做出的"被动选择"。我们在问卷中也对制造业企业"招工难"的问题进行了进一步调查，被调查企业中有73%的企业面临"招工难"问题。其中，90%的企业反映存在生产岗位"招工难"问题，78%的企业反映存在技术岗位招聘困难的问题，对比而言，仅有25%的企业反映存在管理类岗位招聘困难的问题。在企业反馈的"招工难"原因中，主要的因素包括"用工企业多、用工需求大""应聘人员数量少且无法满足岗位技能要求""在职人员流失严重"，反映出中国制造业（高技能）劳动要素市场供不应求的局面。由于这些因素大多是外部因素，企业很难通过提升工资水平、改善工作条件等方法吸引员工。与此同时，几乎所有的受访企业都提到来自互联网企业的激烈竞争。近年来，各类数字平台企业迅速发展，快递、外卖配送等低技能服务业岗位需求激增，这些新就业形态通常能够提供比制造业生产岗位更具竞争力的工资，且工作更具灵活性，吸引了大量年轻劳动力，这进一步加剧了制造业劳动力流失的问题。

第三节 制造业人力资本积累面临的危机与应对建议

2006年以来，中国制造业占GDP的比重不断下降，与美国、日本、德国等发达国家相比，中国制造业比重下降的时间更早、速度更快。与此同时，制造业城镇就业人口也从2014年开始下降，大量制造业劳动力向平台经济新业态流动，制造业人才流失和用人成本上升问题日益严峻。当前中国制造业仍处在向全球价值链高附加值环节攀升的过程中，制造业劳动力向服务业的转移将导致产业结构向生产率低的方向变化，长此以往将对中国经济发展具有非常不利的影响。随着技术变革的加快和老龄化程度的加深，制造业的发展将受到人力资本的严重制约。一方面，数字技术与工业技术的发展融合将对制造业高技能人才、创新人才培养提出更高的要求；另一方面，传统的制造业人力资本积累模式正受到技术变革的巨大冲击，工业体系下培养的劳动力在与机器和新技术领域的竞争中处于不利地位。

一　中国制造业发展面临的人才短缺现状

人才是创新的根本，制造业高质量发展既需要创新型技术领军人才，也需要实践性的工程技术人才。当前技术人才缺乏已经成为制造业高质量发展的一大瓶颈，高端研发型人才和中低端技能型人才都面临不同程度的短缺。通过对100余家制造业企业的调查发现，中国制造业的人才短缺主要表现在以下四个方面。

第一，数字技术人才及复合型技术人才的需求快速增长，相关人才的短缺正成为制造业高质量发展的掣肘。数字技术与工业技术的融合创新是制造业向高附加值环节转移的重要基础，当前各行各业都在大力推动数字化转型，对数字技术人才的需求急剧上升，其中既懂软件、算法又懂工业技术的复合型人才更加稀缺，因此针对相关人才的争夺非常激烈。制造业企业一方面难以招到合适的人，另一方面也很难提供有竞争力的薪资待遇。

第二，高等院校与职业学校的初级技术人才培养与制造业实际需求存在错配。在机械、材料、工业工程等学科领域，出现大学毕业生、职高毕业生找不到工作而制造业企业招不到人的现象，反映出产业发展和人力资源的错配问题。一方面，高等院校的教育以通识教育和研究型教育为主，缺乏工业技能的培养，难以直接胜任企业的技术类岗位；另一方面，职业院校培养的技术工人缺乏企业实践，学生毕业后的技能水平难以满足企业的需求。

第三，高级技术工人的缺口日益增大，技术工人梯队建设跟不上产业数字化转型的步伐。高级技工缺乏已经成为制造业企业面临的普遍问题，长期来看将对制造业数字化转型产生很大制约。当前高级技工主要依靠制造业企业自身培养，培养周期长、投入高，难以形成与制造业数字化转型需求相匹配的技术工人梯队。相较于日本、德国等制造业强国，中国缺乏保障高级技工长期供应的培养机制。日本的"学徒制"和德国的"双元教育体系"在重视理论学习的同时，更加注重实践培训，确保工人能够获得实际、针对工作的技能，并保障高技能技术工人的持续供应。

第四，中低技能工人招工难问题突出，一线技术工人流动性大。2012年以来，随着消费互联网的快速发展，大量中低技能年轻劳动力涌入出行、外卖、餐饮等平台服务业，对制造业中低技能岗位的招工带来巨大冲击。笔者所在课题组与滴滴平台的一项合作研究显示，超过20%的网约车专职司机来自制造业。许多制造业中小企业除了面临"招工难"的困境，还存在一线技术工人流动性大、劳动力成本上升的困扰。

二 制造业技术人才短缺的深层原因分析

制造业技术人才的短缺既有制造业人才需求激增的原因，也有人才培养与经济结构错配的问题，具体来看主要有以下四个方面的原因。

第一，新一轮科技革命的发展带来经济社会各领域的深刻变革，给劳动力市场带来广泛的影响。一方面，数字技术的发展渗透使得工厂技术升级速度加快，由此出现了人力数量和技能的"双短缺"；另一方面，新经济、新业态的发展深刻改变了年轻人的职业态度,以互联网为代表的高科技行业表现出远胜于制造业的人才吸引力。拥有较高技能的数字人才和技术工程师通常都将互联网科技巨头作为第一选择,与大型制造业企业相比,就业者通常可以获得更好的薪资待遇和职业发展机会。而中低技能的年轻劳动者则倾向于进入新经济、新业态,例如网络出行、外卖快递、网络直播等新兴服务行业,尽管这些行业的职业前景也不乐观,但通常可以提供比制造业工人更高的薪酬和相对自由的工作节奏。

第二,技术人才的培养体系跟不上时代的发展和技术的进步,普遍存在教育效率低的问题。首先,从高等教育来看,大学的工科教育严重滞后于产业发展,许多高校的机械、材料、化工类专业因为就业前景不好而出现招生困难。其次,从职业教育来看,技术工人的培养很多是粗制滥造,大多数职业学校是为了赚钱而生,学生们交着高昂的学费却只能学一些皮毛的理论知识。最后,从企业培训来看,传承已久的"学徒制"实质上成为一种阻碍进步和创新的模式,师傅不愿意将所有的技能传授给徒弟,总要留一手防止自己被淘汰,这种保守的做法导致年轻一代的止步不前和人才流失。

第三,技术工人的职业体系与高级技术人才/工程师的职业体系存在割裂,缺乏职业提升的体制机制保障。制造业企业的技术工人主要通过技工学校和师傅"传帮带"获得技能,学历水平较低,难以进入高级工程师职业轨道。其中一线技术工人的职业"天花板"更低,即使技术能力再强也只能做到车间组长或主管,几乎不可能向高级技术人才方向晋升。职业提升体制机制的缺乏极大地影响了年轻技术工人的创新动力和职业幸福感。

第四,社会对于技术类职业认可度低,高技能人才缺乏评价标准,中低技能劳动者缺乏劳动保障和职业尊重。技术类职业的薪酬待遇在中国整体就业体系中相对较高,但是社会对技术类职业的认可度不高。以人才引进为例,当前从国家到地方都出台了一系列人才政策，虽然强调了对高级技术人才的重视，但是技术类人才认定和评价缺乏标准，难以享受研发类人才的相关待遇。中低技能技术类职业的社会认可度更低，一线工人从某种意义上来说是"被迫的"职业路线，长时间在流水线上重复简单劳动，甚至缺乏无法劳动保障和职业尊重。

三 关于加强中长期制造业人力资本积累的建议

制造业向高附加值环节迁移以及国际竞争力的提升最终都依赖于人才竞争力，随着中国制造业数字化转型进入全面发展阶段，未来各类技术人才的需求将快速增长。当前一些制造业企业已经意识到问题的严重性，开始探索服务于自身发展的制造业人才培养计划，但对于中国庞大的制造业体系和分散各地的中小企业来说，市场驱动的变革远远不够。制造业人才培养需要更加完善的顶层设计，从市场、教育、社会保障等多方面入手，切实提高制造业对人才的吸引力，并为中长期内制造业高质量发展提供持续的人力资本积累。

第一，将制造业技术人才培养纳入人才强国战略的顶层设计，对职业资格制度、职称制度、人才评价制度、劳动保障制度进行适应性的改革和调整。一是借鉴德国和日本的经验，建立科学的制造业技术类职业资格框架体系及职业资格认证制度，畅通技术类人才的晋升通道，降低技术工人向技术工程师晋升的门槛，为建立合理的人才梯队奠定制度基础，提升技术类职业的吸引力。二是扩大工程师职称制度的覆盖面，将国企、事业单位的工程师职称体系推广到民营企业特别是中小企业，鼓励民营企业构建与职称相匹配的薪酬体系，促进国有、民营企业的技术人才流动。三是完善技术类人才评价制度，设置研发型技术工程师和实践型技术工程师的分类评价体系，重视实践型技术人才的认定，促进各行各业"能工巧匠"的培养，建立国家层面的高级技术工人与技术工程师人才库。四是完善高级技术工人的劳动和福利保障，使高级技术工人可以享受和研发型技术工程师相同的福利待遇，提升社会对技术工人职业的认同感。

第二，工程学科教育应兼顾和平衡通识教育和专业技能教育，大力提升工程制造学科的职业教育水平，畅通工程职业教育向研究型高等教育的转换深造渠道。当前中国职业教育的吸引力远远低于普通教育，一个客观原因是职业教育水平普遍偏低，未来应以工程制造学科为突破口，大力提升职业教育水平。一是鼓励一批以工科见长的普通本科高等学校向应用型转变，打造工程职业教育的品牌院校。二是提升工程类职业教育机构的公有化比例，纳入教育部的考核监管范畴，降低学生接受高质量职业教育的门槛。三是职业教育培养模式中应兼顾和平衡通识教育与专业技能实训，创新"学徒制"模式，推动职业技能培训与技术类职业资格认定有效接轨，保证学生获得实实在在的技能，毕业达到相关岗位的就业资格。四是畅通职业院校学生和企业技术工人的深造通道，鼓励具有一定技术职级的技术工人申请进入研究型大学工程教育学科继续深造，将技术实践技能纳入录用的考核范围。

第三，重视数字技能、先进制造技能等未来产业发展所需技能的开发和培养，推广终身学习，建设学习型社会。制造业技术人才的培养应当紧跟技术变革的步伐，在国家层面建立国民技能提升的整体规划。一是推动建立职业技能开发相关的研究部门，负责先进技术相关数字技能、工业技能的前沿追踪和课程开发、学徒制培训内容的研发，以及实际运行过程中的质量管理。二是整合专业学会、行业协会资源，设立制造业技能委员会，协助高等院校、职业院校与企业实践的项目对接，丰富学生实习内容和学徒项目。三是搭建面向成人的技能学习平台，邀请企业在平台上发布课程、提供实习信息，对于积极参与劳动力技能培训的企业，制定有效的激励措施进行资助和补贴。

第八章

人工智能时代的劳动力市场变革

第一节　人工智能技术对就业的影响机制

技术进步对劳动力市场的影响一直是经济理论、经验和政策的一个重要问题。传统的经济学理论认为，任何提高生产率的进步也往往会提高对劳动力的需求，但人工智能技术变革的现实和传统理论预测的结果并不完全符合。在理论机制方面，已有研究认为人工智能对就业的影响主要有三种路径：替代效应、恢复效应和创造效应[①]。人工智能通过对重复性体力和简单脑力劳动的直接替代，可能造成相关岗位就业人员数量的下降；而恢复效应则可以通过提高生产效率，扩大产品生产规模和市场占有率，进而提升企业的劳动需求，带来 AI 应用企业和行业就业人员数量的提升。同时，正如每一次技术革命都会带来许多新增岗位一样，人工智能技术的创造效应则具体表现为数据分析、数据标注、人工智能工程师等一系列新增就业机会的不断增长，由此带来技术对就业的创造效应。技术对工作岗位的影响不仅取决于流程和产品创新、需求状态以及竞争程度等因素之间的平衡，同时还取决于资本与劳动力之间的较量以

---

① Acemoglu, Daron, Restrepo Pascual, "Artificial Intelligence, Automation, and Work?", In *The Economics of Artificial Intelligence: An Agenda*, University of Chicago Press, 2018.

及人力资本的潜力。早期的AI技术以资本深化为主要渠道，通过与生产设备、信息化系统的渗透融合，在机器视觉、人机交互、智能机器人等领域广泛应用，实现了对程式化工作岗位的影响。美国麻省理工学院经济学教授达龙·阿西莫格鲁（Daron Acemoglu）和波士顿大学经济学教授帕斯卡尔·雷斯特雷珀（Pascual Restrepo）围绕这一问题开展了一系列开创性的研究，他们使用国际机器人联合会（IFR）的机器人数据及国家行业层面的宏观数据进行分析，认为人工智能作为新一代自动化技术，对发达国家的劳动就业，特别是制造业就业规模产生了负面影响[1]。随着人工智能技术相关微观数据的可得性提升，许多研究开始使用企业层面数据进行分析，并认为在人工智能方面投资更多的企业，在公司和行业层面都经历了更快的销售和就业规模增长[2]。从最终的影响效果来看，人工智能的正面和负面影响同时存在，最终结果将取决于替代作用和增强作用之间的竞赛，以及技术采用的速度和工人获得新技能的速度[3]。

除了探究人工智能对劳动力整体规模和需求的影响，还有文献从工作任务的角度研究人工智能的技能偏向性及其影响。这些研究的理论观点是，人工智能不仅提高了资本和劳动力在其当前执行的任务上的生产率，还影响了这些生产要素的任务分配，也就是工作任务内容的变化，因此对就业结构具有重大影响[4]。先前的研究显示，人工智能的主要影响具有清晰标准或规则、重复型、程式化的工作任务，这引发了劳动力需求从低技能工人（如生产工人）向高

---

[1] Acemoglu D. and Restrepo P., "Automation and New Tasks: How Technology Displaces and Reinstates Labor", *Journal of Economic Perspectives*, Vol. 2, No. 33, 2019.

[2] Babina T., Fedyk A., He A. and Hodson J., "Artificial Intelligence, Firm Growth, and Product Innovation", *Journal of Financial Economics*, No. 151, 2024.

[3] Autor, D., *The Labor Market Impacts of Technological Change: From Unbridled Enthusiasm to Qualified Optimism to Vast Uncertainty*, National Bureau of Economic Research, 2022.

[4] Acemoglu D. and Restrepo P., "The Wrong Kind of AI? Artificial Intelligence and the Future of Labour Demand", *Cambridge Journal of Regions, Economy and Society*, Vol. 1, No. 13, 2020.

技能工人（如技术人员、工程师或研究人员）的转移[1]。Fleming 等（2019）基于美国大规模招聘数据的研究也发现，过去十年间大量中间收入岗位的工作任务转移到高收入和低收入岗位，而且那些更容易被自动化的工作任务更加频繁地从雇主的工作要求中消失[2]。尽管近年来受人工智能影响的工作任务逐步从程式类任务扩散至常规认知类任务，但是创造型、专业型岗位所需的非常规认知型任务很大程度上避免了被自动化。不过，生成式 AI 的最新进展有可能快速改变这种情况，给劳动力市场带来巨大的不确定性。与先前的人工智能技术相比，生成式 AI 技术呈现更强的通用目的技术潜力，其对劳动力市场的影响也表现出一些新的特征和趋势。

第二节 人工智能对中国就业生态的影响

中国作为一个发展中国家，近年来数字经济发展迅猛，虽然在基础技术创新上和发达国家还存在较大差距，但是技术应用市场非常活跃，这一现象在人工智能的发展中更加明显。因此，中国所面临的挑战表现出许多独特性，人工智能给发达国家和发展中国家带来的影响在中国同时存在。从就业角度来看，中国面临严峻的就业分化和结构性失衡问题，一方面是基础技术创新人才和数字化应用人才的严重缺乏，另一方面，就职于产业链下游的庞大中低技能劳动力群体亟待提升技能实现转型。新一轮人工智能革命极大地推动了制造业的自动化和智能化，在对劳动力的替代和补充作用上呈现很大的不确定性。虽然目前无法准确评估人工智能的替代和补充作用哪个影响更大，但是人工智能所引起的劳动力就业结构变化，特

---

[1] Humlum A., *Robot Adoption and Labor Market Dynamics*, Princeton University, 2019.

[2] Fleming M., Clarke W., Das S., Phongthiengtham P. and Reddy P., *The Future of Work: How New Technologies are Transforming Tasks*, MITIBM Watson AI Lab, 2019.

别是就业岗位的极化分布和劳动力内部收入不平等的扩大等问题，需要引起足够的重视。

从中国的就业市场来看，第一和第二产业有大量重复性强、程式化高的工作，这些工作更容易被人工智能取代或者部分替代，第三产业受到人工智能的影响相对要小一些。中国三大产业的就业比例在过去六十多年中经历了巨大的变化（如图8.1所示），得益于生产率的提升，第一产业的就业比例大幅下降，第二产业的就业比例经历了快速增长后在近三十年保持平稳的增长，而第三产业的就业比例在近三十年增长迅速，特别是最近十年就业规模迅速增长，但到2016年第三产业的就业比例仍然只有40%。相比之下，一些西方发达国家第三产业的从业比例已经达到70%以上。未来较长时间内，中国就业市场受到的冲击可能要远远大于发达国家受到的冲击，以人工智能为代表的数字技术将持续推动就业结构的变革，促使第三产业的就业比例不断提高。以制造业为例，目前人工智能在制造业数字化转型中扮演着越来越重要的角色，而制造业的服务化是数字化转型的一个重要方向，未来伴随制造业流程的数字化，传统生产、装配、制造、监测等岗位的自动化水平将会大大提高，这些岗位将被释放出来，促使更多的技术工人转型到服务岗位。

虽然人工智能技术的发展对具有重复性劳动特征的职业产生了很大威胁，但是在面对需要创造力、推理能力、灵巧性和共情能力等方面的任务时，人类的表现远远强于机器，并且在短期内无法超越。在从农业经济转向工业经济的过程中，也曾经历技术进步给就业生态带来的颠覆性影响，历史证明技术进步有助于提升宏观经济生产率，生产率的提升最终会增加而不是降低劳动就业。当前人工智能技术发展所带来的就业生态变化很可能会再次重复这一历史过程，虽然目前制造、金融类产业的一些低技能职业首当其冲受到人工智能技术的替代作用影响，但是服务业的劳动力规模却表现出上

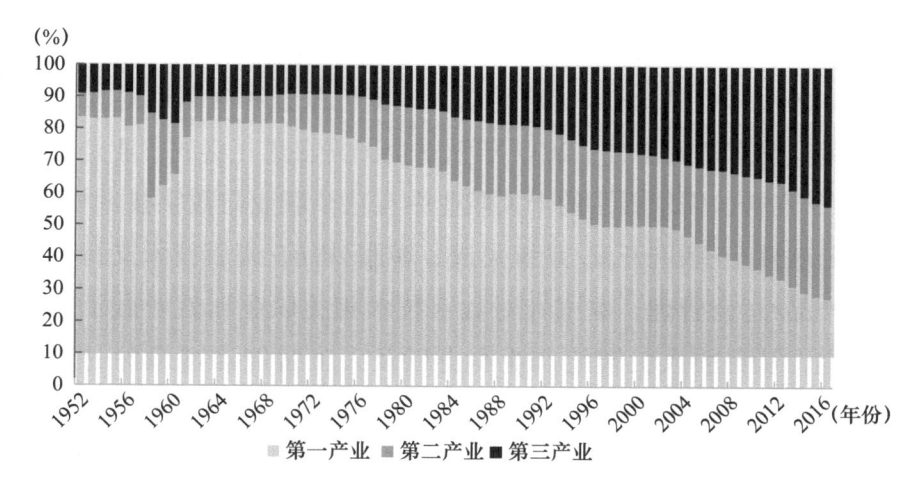

图 8.1　1952—2016 年中国三大产业就业人员比例变化趋势

升的趋势，这一现象与"鲍莫尔成本病"规律相吻合：技术进步使第一和第二产业生产率提升，导致本产业内部劳动力规模下降，但其溢出效应提升了第三产业的劳动就业水平。不过需要警惕的是，技术进步对于劳动力需求提升的溢出效应可能更多地体现在高技能劳动力群体[1]。

第三节　人工智能对就业需求的影响

中国人力资源市场信息监测中心的数据显示[2]，2017 年第四季度劳动力市场需求略大于供给，制造业，租赁和商务服务业，住宿和餐饮业，信息传输、计算机服务和软件业，房地产业等行业用人需求有所增长，其中信息传输、计算机服务和软件业与 2016 年同

---

[1] Autor D. and Salomons A., *Does Productivity Growth Threaten Employment*, ECB Forum on Central Banking, Sintra, Portugal, 2017.
[2] 《2017 年第四季度部分城市公共就业服务机构市场供求状况分析》，http：//www.mohrss.gov.cn/gkml/jy/jyscgqfx/201802/t20180208_288167.html。

期相比，用人需求增加约13.4%。智联招聘发布的一份针对白领就业群体的报告也显示①，信息通信、计算机服务和互联网等相关行业的就业需求增长迅猛，2017年秋季全国需求最旺盛的行业是互联网/电子商务，需求最多的十大职业中有三个职业与数字技术相关，分别是软件/互联网开发/系统集成、客服/售前/售后技术支持、互联网产品/运营管理。本书针对数字技术相关职业和就业做了专门的研究，从目前人工智能产业本身以及人工智能渗透最深的制造业、金融业和消费品行业来看，短期内人工智能对就业需求的影响主要表现在以下三个方面。

第一，人工智能产业对专业数字技术人才的需求量急速增长，基础研究人才成为最大人才需求点②。在人工智能领域，美国的从业者数量在85万人以上，印度为15万人，英国为14万人，中国只有5万多人。与美国、英国、加拿大等国家相比，中国的数字人才储备尚有很大差距。目前一场国际上针对人工智能顶尖人才的争夺战已经打响，国内城市与国际城市之间、互联网科技公司与传统行业公司之间，甚至是企业与高校之间，都在进行着激烈的人才争夺。

第二，人工智能的发展极大地刺激了新兴创新市场活力，催生出很多就业的新模式、新业态，在带动就业增长的同时也潜藏着很大的风险和不稳定性。以数字人才为例，我们研究了2014—2016年北京、上海、深圳、广州、杭州等地数字人才需求的变化。2014—2015年数字人才需求普遍上升，2015—2016年需求普遍下降，2016年数字人才需求的下降与新增创业企业数量的大幅下降以及创业企业的倒闭有很大关系。这个现象从侧面反映了近年来"互

---

① 《2017年秋季中国雇主需求与白领人才供给报告》，http://article.zhaopin.com/marketing/pub/view/detail-100149.html。

② 领英中国智库：《全球AI领域人才报告》，2017年。

联网+"、大数据、共享经济等新业态蓬勃发展下潜藏的风险,这些新业态短期内创造了许多新的岗位并带来大量的就业,例如快递配送、外卖配送、电商客服、数据标注、专车司机、网络主播等。比起很多传统工作,这些工作受数字技术和初创企业发展的影响非常大,从业者又多是年轻群体,在新兴市场的需求有非常大的波动,再加上缺乏良好的就业保障,相关群体具有很高的失业风险。

第三,不同行业受到的影响有很大差异,这与本行业工作岗位的自动化改造程度密切相关。与以往几次产业革命相比,人工智能革命带来的冲击范围要大得多,几乎所有行业和职业都受到影响,影响程度取决于不同工作可被自动化的可能性与改造程度。牛津大学的两位学者对700多种工作岗位被自动化的概率做了深入分析,认为一个工作是否容易被自动化主要取决于三个因素:职业需要的社交智能(Social Intelligence)、创造力(Creativity)和感知与操作能力(Perception and Manipulation),这三个因素对分析中国现阶段就业市场受到的影响有重要的借鉴意义[1]。

人工智能冲击的不只是工作岗位,还包括工作技能,许多岗位的技能需求正在发生变化,如果劳动者不能及时学习和满足新的技能要求,很容易被原有的工作岗位所淘汰,并错失向新工作的转移机会。从当前人工智能的发展阶段来看,对劳动力技能的新要求主要有两个方面:数字技能和被替代概率低的"软技能",其中数字技能的培养尤其迫切。波士顿咨询公司发布的《迈向2035:4亿数字经济就业的未来》从就业人群、就业领域和就业方式三个方面分析了数字技术可能对就业生态产生的影响和变革,对于数字经济下的就业人群,拥有特定专业技能(尤其是数字技术相关技能)对获

---

[1] Frey C. B. and Osborne M. A., "The Future of Employment: How Susceptible are Jobs to Computerisation?", *Technological Forecasting and Social Change*, No. 114, 2017.

取中高端就业机会至关重要①。

国内主要招聘网站的数据显示，雇主对求职者数字技能的需求在不断提高。我们对北京、上海、深圳等城市的研究发现，需求最多的数字技能包括：Java、C++、Javascript、C、Linux、Python、SQL、软件开发、项目管理等，整体来看编程技能占据主导，此外项目管理、产品运营等"技术+管理"类技能的需求呈现明显的上升趋势。在编程技能里，除了传统的四类编程语言技能，近几年对MySQL 和 SQL 等数据库与数据分析技能的需求大幅上升。不同城市因其数字经济发展战略和产业优势的不同，对数字技能的要求也有较大差异，例如长三角很多城市对制造业相关的数字技能要求越来越高，包括故障模式和影响分析（FMEA）、Six Sigma、精益制造、持续改进、项目管理等技能，这类技能需要将传统制造技能和数字技能结合起来。

数字技能的培养并不能只局限于 ICT 专业技能（以编程技能为主），对于绝大多数求职者来说，更重要的是提高数字素养，增强 ICT 补充技能——借助新的数字技术辅助传统工作的能力，努力提高技术、管理的综合技能。提高综合技能对前文提到的新兴创新市场就业者尤为重要，特别是处在产业中下游的年轻就业群体（外卖员、快递员、数据标注员等），他们所处的行业在数字技术的推动下正经历飞速的发展和革新，而这些就业者大部分在提供最基础的服务，只具备较低端的劳动技能，被人工智能替代的可能性很高，非常需要 ICT 补充技能的培养。与此同时，领导力、创造力、感知力和社交能力等"软技能"也比从前更加重要，这些技能不容易被人工智能替代，在就业者核心技能的构成里将占据越来越重要的位置。

---

① 波士顿咨询公司（BCG）：《迈向 2035：4 亿数字经济就业的未来》，2017 年 1 月。

第 九 章

生成式人工智能技术的发展与变革

第一节 生成式人工智能技术的兴起

2022 年底，大型语言模型（LLMs）及其代表性产品 ChatGPT 在全球快速传播，推动了生成式人工智能的高速发展。生成式 AI 技术是一种基于机器学习模型的技术，使计算机可以根据特定输入生成新的内容，例如文章、音乐、图像等。这项技术在理解用户语意并自动生成关联内容方面表现异常出色，专家预测这项技术将对劳动力市场产生广泛的影响。先前的自动化浪潮主要影响重复型、程式化的工作任务，创造型、专业型工作任务（如写作、编程、医务工作）由于难以被编码，很大程度上避免了自动化，但是生成式 AI 技术的最新进展有可能快速改变这一模式。和前几代人工智能深度学习模型相比，生成式 AI 模型显著缩小了人工智能与人类认知力的差距，而且模型的能力还在快速提升，并表现出比已知能力更强的学习能力[1]。目前，生成式人工智能技术在一些领域似乎已经实现了对人类隐性知识和认知能力的自动化[2]。这一趋势将对知

---

[1] Korinek A., "Language Models and Cognitive Automation for Economic Research", *NBER Working Paper*, No. 30957, 2023.

[2] Brynjolfsson E., Li D. and Raymond L. R., "Generative AI at Work", *NBER Working Paper*, No. 31161, 2023.

识型劳动者产生重大影响，越来越多的人呼吁围绕人工智能对知识型、专业型工作的影响进行更多的实证研究和理论探索，特别是在非常规认知任务领域。

一 生成式 AI 技术发展情况及特征

2010 年前后，以机器学习算法为核心的第三代人工智能技术快速发展，并在生产生活各领域实现了广泛应用。与早期基于符号系统和专家系统的"旧式人工智能"相比，新一代人工智能系统摒弃了由上至下、规则驱动的技术路线，转而以海量数据为驱动、通过机器学习算法识别数据之间的关联关系[1]。在发展初期阶段，新一代人工智能技术及其应用以判别式 AI 为主，即基于对已有数据的学习，建立输入与输出之间的关系，并将其应用于预测、分类、回归等领域，在精准营销、个人征信、金融保险等行业都获得了令人满意的表现。然而，这一阶段的 AI 模型依然存在通用性不强、与制造业操作技术等领域知识融合困难等技术限制，这表明判别式 AI 技术尚未超越"波兰尼悖论"，即人类的隐性知识依然难以被程式化[2]。

2022 年 11 月底，ChatGPT 产品及大语言模型（Large Language Model，LLM）的成功，推动生成式 AI 技术快速发展，并吸引了全球投资机构、互联网企业、传统产业部门的广泛关注。"生成式"一词体现了机器学习技术使用的转变，即从模式识别到生成自由格式的文本、图像、视频和其他基于数据训练算法生成的人类输出。尽管机器学习、深度学习等新一代人工智能核心算法没有发生根本性变化，但生成式 AI 还是展现出了有别于判别式 AI 的新特征：第

---

[1] Taddy M., "The Technological Elements of Artificial Intelligence", in *The Economics of Artificial Intelligence: An Agenda*, University of Chicago Press, 2018.

[2] Autor D., "Polanyi's Paradox and the Shape of Employment Growth", *NBER Working Paper*, No. 20485, 2014.

一，基于大语言模型的生成式 AI 表现出了前所未有的通用目的技术潜力。以 ChatGPT 的支撑模型 GPT3.5 为例，模型以 Transformer 为基础架构，通过设置 1750 亿个模型参数、"喂食"大规模高质量训练数据、引入人类反馈加强学习（Reinforcement Learning from Human Feedback，RLHF）机制，实现了使用一个大模型解决全部问题的技术路线，不再建立适用于个别行业/领域的专业化模型。第二，生成式 AI 正在逐步实现对人类隐性知识和认知能力的编程化、自动化。AI 技术应用由重复性、程式化任务逐步扩展至文本、图像、音频等多模态内容生成领域。生成式 AI 通过学习已有数据的统计特征，生成新的数据，并将其转化为自然语言文本、图像音频、编程代码等各种模态，可以被广泛应用于新闻稿写作、剧本写作、广告创意、软件编程等创造型专业岗位。早期研究表明，生成式 AI 在实际应用中，正在将高技能员工的数据输入转化为模型生成内容，表现出对人类隐性知识的编程化趋势[①]。

二 生成式 AI 技术对劳动就业的影响

前文已经详细梳理了人工智能对就业的影响机制，有研究指出，当人工智能技术由常见的专用型技术转变为通用目的技术时，有可能彻底改变传统自动化技术的就业影响机制[②]。

生成式 AI 技术所表现出的通用目的技术潜力似乎正在印证这一判断。尽管实现商业化应用的时间很短，生成式 AI 已经快速渗透到诸多行业，其对劳动力市场的影响也表现出一些新的特征和趋势。

首先，生成式 AI 对劳动就业的影响范围明显扩大，许多非程

[①] Brynjolfsson E., Li D. and Raymond L. R., "Generative AI at Work", *NBER Working Paper*, No. 31161, 2023.

[②] Cockburn L. M., Henderson R. and Stern S., "The Impact of Artificial Intelligence on Innovation: An Exploratory Analysis", in *The Economics of Artificial Intelligence: An Agenda*, University of Chicago Press, 2018.

式化、知识型、专业型岗位都面临较大的自动化风险。Open AI 公司（ChatGPT 软件的开发者）关于 ChatGPT 及其关联技术对美国劳动力市场潜在影响的研究显示，大约 80% 的劳动力可能会有至少 10% 的工作任务受到大模型的影响，其中大约 19% 的劳动力有至少 50% 的任务受到影响，而且这种影响覆盖了所有工资水平的工作，且不限于近期生产率增长较高的行业；在岗位层面，翻译、作家、记者、数学家等专业型、高收入、创意类岗位受到的影响最大；在行业层面，金融投资和保险、数据处理和托管、信息服务等行业的技术风险系数最高[①]。Eisfeldt 等（2023）使用类似方法评估了职业风险系数，并将其与美国上市公司数据进行匹配，提出受生成式 AI 影响最大的职业是涉及非常规、认知任务的职业，且工资水平越高的职业或行业，越有可能接触到前沿技术，受生成式 AI 的影响也越大[②]。Zarifhonarvar（2024）的研究也显示，专业人员、技术人员和辅助专业人员分类下的职业受 ChatGPT 的影响最大，研究将影响程度分为完全影响、部分影响和完全不受影响三个等级，上述两类职业分别有 75.4% 和 54.5% 的职业受到完全影响[③]。上述研究结果表明，生成式 AI 对劳动就业的影响范围和程度呈现扩大趋势，涉及非常规、认知任务的专业型工作成为此次技术变革冲击的重点领域。

其次，在基于人类自然语言的多个应用场景中，生成式 AI 工具能够有效提高工作效率和产出质量，通过对低技能水平员工的内容辅助，大幅降低相关岗位技能门槛。已有研究表明，生成式 AI 在专业写作、客户服务、科研辅助、法律助理等领域已经实现了较

---

① Eloundou T., Manning S., Mishkin P. and Rock D., "Gpts are Gpts: An Early Look at the Labor Market Impact Potential of Large Language Models", *arXiv preprint arXiv: 2303.10130*, 2023.

② Eisfeldt A. L., Schubert G. and Zhang M. B., "Generative AI and Firm Values", *NBER Working Paper*, No. 31222, 2023.

③ Zarifhonarvar A., "Economics of ChatGPT: A Labor Market View on the Occupational Impact of Artificial Intelligence", *Journal of Electronic Business & Digital Economics*, Vol. 2, No. 3, 2024.

好的应用效果，其表现能够媲美高技能员工的工作水平，且技术应用对低技能水平的效率提升作用更为显著[1]。在以聊天问答为主要工作模式的客户服务领域，生成式 AI 会话助手能够有效提高客服人员的工作效率，每小时解决问题数量提升 14%，且 AI 工具对新手和低技能水平员工的影响最大，对经验丰富和高技能员工几乎没有产生提升作用[2]。在专业写作领域，ChatGPT 可以显著提高中级写作人员的工作效率，单位工作时间减少了 0.8 个标准差，而写作产出质量提高了 0.4 个标准差。ChatGPT 通过更多帮助低技能水平员工，来压缩整体效率分布，因而不同技能水平员工群体之间的不平等减少了。

最后，生成式 AI 展现出对人类隐性知识的编程能力潜力。人工智能技术的应用扩展了人类在理解、注意力和搜索以及概念化等关键领域的认知能力[3]。这些领域的认知能力通常被视为人类的隐性知识，在相当长的时间里难以被编程和自动化，生成式 AI 技术在这方面取得了显著的突破。多项实验表明，生成式 AI 之所以对低技能员工更加友好，而对高技能员工的影响不大，主要是因为生成式 AI 技术的作用机制是对人类部分隐性知识或技能的编程化。Noy 和 Zhang（2023）的研究观察到，在使用 ChatGPT 完成写作任务的过程中，68% 的写作人员直接提交了 ChatGPT 的初始输出内容而没有对内容进行编辑；而在执行大量（可能来自 ChatGPT）文本粘贴后，参与者的活跃时间与最终产出质量之间也不存在显著相关

---

[1] Noy S. and Zhang W., "Experimental Evidence on the Productivity Effects of Generative Artificial Intelligence", *Science*, Vol. 6654, No. 381, 2023.

[2] Brynjolfsson E., Li D. and Raymond L. R., "Generative AI at Work", *NBER Working Paper*, No. 31161, 2023.

[3] Tolan S. U. L., Pesole A., Martínez-Plumed F., Fernández-Macías E., Hernández-Orallo J. E. and Gómez E., "Measuring the Occupational Impact of AI: Tasks, Cognitive Abilities and AI Benchmarks", *Journal of Artificial Intelligence Research*, No. 71, 2021.

性，即没有证据表明人工编辑技能可以改善 ChatGPT 的文本输出[1]。Brynjolfsson 等（2023）对客服人员对话文本内容的分析表明，使用 AI 工具以后，低技能和高技能员工群体的对话文本相似性显著提升，这一结果表明 AI 工具在一定程度上实现了对高技能员工隐性知识的编程化[2]。

第二节　生成式 AI 技术对专业型工作的影响

一　生成式 AI 技术对软件编程工作影响的研究进展

软件工程/开发的核心是代码编程，但整体来看是一项系统工程，一个软件开发项目主要包括需求分析、设计、编码、测试、系统运营和维护几个主要环节[3]。随着数字技术的发展，软件工程经历了多次范式的转变，自动化工具在软件开发生命周期中扮演着越来越重要的角色，显著提高了软件工程师的生产力和软件的质量[4]。近期生成式 AI 技术和工具的发展进一步拓展了软件工程领域的自动化潜能，在软件开发的不同环节都有重要的应用场景[5]。国外科技巨头公司相继推出由生成式 AI（大模型）驱动的代码生成工具，如 OpenAI 与微软合作开发的人工智能代码助手 GitHub Copilot，DeepMind 公司的 AlphaCode，以及亚马逊公司的 Code Whisperer，

---

[1] Brynjolfsson Erik, Li Danielle Li, and Raymond Lindsey，"Generative AI at Work", *NBER Working Paper*, No. 31161, 2023.

[2] Noy S. and Zhang W., "Experimental Evidence on the Productivity Effects of Generative Artificial Intelligence", *Science*, Vol. 6654, No. 381, 2023.

[3] 这些环节也被称为"软件开发生命周期"（Software Development Life Cycle, SDLC），具体内容可参考 https://bigwater.consulting/2019/04/08/software-development-life-cycle-sdlc/。

[4] Ozkaya I., "A Paradigm Shift in Automating Software Engineering Tasks：Bots", *IEEE Software*, Vol. 5, No. 39, 2022.

[5] Russo D., "Navigating the Complexity of Generative AI Adoption in Software Engineering", *ACM Transactions on Software Engineering and Methodology*, 2024.

这些系统都尝试通过生成式AI技术使编程变得更有成效[1]。计算机领域相关研究对生成式 AI 技术在代码生成、代码解释、代码修复等多个任务场景下的表现开展了丰富检验，不过目前整体评价相对偏低。在代码自动生成方面，现阶段生成式 AI 工具只适用于生成代码片段，还无法生成整段代码。一项基于 ChatGPT 与传统编程问答平台 StackOverflow 的对比研究表明，在 ChatGPT 给出的答案中，52% 不正确，77% 过于冗长，ChatGPT 答案的正确性、一致性、全面性和简洁性都有待进一步检验[2]。不同编程语言的技术成熟度也存在明显差异，在要求 GitHub Copilot 使用 4 种编程语言完成 33 个 LeetCode 问题的测试中，GitHub Copilot 给出的 Java 代码建议正确性得分最高（57%），而 JavaScript 的正确性得分最低（27%）[3]。在解决编程错误方面，与传统 debug 工具相比，ChatGPT 提供了一种成本更低、速度更快、专业要求更低的方式来解决代码错误。但是 ChatGPT 代码修正的准确性还不够稳定，且依赖于训练数据的质量[4]。

由于目前仍处于技术发展的早期阶段，关于生成式 AI 对软件工程就业影响的研究非常有限，已有研究主要通过对实验或测试场景下的数据进行分析。Peng 等（2023）开展了一个使用 GitHub Copilot 进行 JavaScript 编程的控制实验[5]，结果表明，使用 AI 工具的

---

[1] Li Y., Choi D., Chung J., Kushman N., Schrittwieser J., Leblond R. E. M., Eccles T., Keeling J., Gimeno F., Dal Lago A. and Others, "Competition-Level Code Generation with Alphacode", *Science*, Vol. 6624, No. 378, 2022.

[2] Kabir S., Udo-Imeh D. N., Kou B. and Zhang T., "Who Answers it Better? An In-Depth Analysis of ChatGPT and Stack Overflow Answers to Software Engineering Questions", *arXiv preprint arXiv*: 2308.02312, 2023.

[3] Nguyen N. and Nadi S., *An Empirical Evaluation of GitHub Copilot's Code Suggestions*, IEEE/ACM 19th International Conference on Mining Software Repositories, Pittsburgh, PA, USA, 2022.

[4] Surameery N. M. S. and Shakor M. Y., "Use ChatGPT to Solve Programming Bugs", *International Journal of Information Technology and Computer Engineering*, Vol. 31, 2023.

[5] Peng S., Kalliamvakou E., Cihon P. and Demirer M., "The Impact of AI on Developer Productivity: Evidence from GitHub Copilot", *arXiv preprint arXiv*: 2302.06590, 2023.

编程人员完成任务的速度比控制组快55.8%。但作者们指出，该实验还存在较多局限：(1) 实验对标准化编程任务进行了检验，与真实工作场景的复杂度相差太远；(2) 没有考察AI工具对代码质量的影响，与真实工作要求也存在较大差异。因此，有必要对生成式AI在软件开发领域的应用及影响开展更进一步的分析。

二　研究数据

我们与一家提供跨行业解决方案的信息技术服务公司合作（以下称为"A公司"），基于该公司的实际业务，测试和评估生成式AI辅助编程工具在不同应用场景下的情况。A公司是国内信息技术服务领域的知名上市公司，为互联网、汽车、金融、企业服务、云服务等诸多行业提供信息技术服务。本书主要关注生成式AI工具在编码阶段的应用情况，特别是生成式AI工具如何支持软件工程师的工作。在研究准备阶段，和A公司各业务部门的核心开发团队与技术专家进行了数轮讨论，选取了各部门有代表性的业务场景和软件开发任务，同时为确保信息安全对测试用例做了脱敏处理，最终确定的应用场景如表9.1所示。在9类应用场景下，分别设有不同的软件开发任务，每个任务又包含一个或多个编程用例，总共获得112个编程用例评分样本，作为生成式AI工具评分分析的基础单元。此外，研究仅覆盖Java和Python语言的开发场景。

表9.1　　　　　　　　研究涵盖的应用场景

编号	应用场景	应用场景描述	编程用例数量（个）
1	云服务	提供企业级云原生微服务开发、运管服务业务开发等	20
2	数据智能	大数据采集、加工、处理开发，机器学习数据建模训练等	13
3	企业应用	企业级R7场景、泛ERP场景、病害管理等业务场景开发	19
4	企业服务	结构维修、数字化转型大屏等通用类企业服务开发	14

续表

编号	应用场景	应用场景描述	编程用例数量（个）
5	金融应用	金融场景下的基础开发和业务开发	11
6	智能车	智能车云平台、路测数据处理、车企数字化平台开发等	13
7	智能物联网	物联网设备通信、可穿戴系统设备开发和测试开发等	9
8	智能终端	终端服务交互请求开发	5
9	通用工具	通用技术和通用数据采集、分析和展示开发	8

资料来源：笔者整理。

本书选择了 OpenAI 公司与微软公司合作开发的人工智能代码助手 GitHub Copilot（以下简称"Copilot"）作为测试工具。Copilot 是生成式 AI 领域最具影响力的辅助编程产品之一，它于 2021 年 6 月发布，集合了 OpenAI 公司强大的大模型能力和 GitHub 丰富的代码训练样本，在软件开发界引起了广泛关注。Copilot 利用大型语言模型，由 OpenAI 的 Codex 模型驱动，该模型是 GPT3 的后代，是在 GitHub 存储库的大量代码上训练出来的，能够为开发者提供完成代码片段的智能建议[①]。Copilot 有三个主要功能：根据注释和函数名称生成代码，为已经实现的代码生成测试，以及为重复的代码自动填入。该工具的操作界面简单易用，通过键入少量的代码提示语句，即可生成完整的代码段，能够实现代码补全、代码注释、函数调研等多种代码生成功能，其支持的语言也非常广泛，包括 C、C++、C#、Go、Java、JavaScript、PHP、Python，等等。本书通过分析 A 公司软件开发人员在真实工作场景下使用 Copilot 情况，研究其对软件开发工作的影响和作用。当前已有一些研究对 Copilot 的使用情况进行实证评估，这些研究主要关注 Copilot 能够提供的原始代码建议和它的可读性，而不是它与软件开发人员之间的

---

① GitHub,"Your AI Pair Programmer", https：//github.com/features/copilot.

关系①。此外，虽然这些研究可能利用 Copilot 来解决编程问题，但它们通常利用 LeetCode 等网站的算法问题，难以反映软件工程师在真实工作场景中遇到的编程问题类型。本书研究的重点不是 Copilot 可以处理的编程任务类型或难度级别，而是当它被用于协助软件开发工程师解决实际工作中的任务时，它所发挥的作用和扮演的角色，以及工具的使用对软件开发工作产生的影响。

三 研究方法和评测指标

针对每一项应用场景，在该场景所属业务部门选择 3 名资深软件开发工程师进行小组测试（共 9 组，27 人参与测试），测试人员通过使用 Copilot 产品生成对应开发场景下软件开发任务的代码，并评估其效果。之所以选择资深的软件开发工程师，是为了尽可能保证评估的准确性。已有研究显示，Copilot 被新手开发者使用时，他们可能会因为缺乏专业知识而无法识别错误或得出非最佳的解决方案②。让每名测试人员都详细记录了与 Copilot 交互的过程，包括每次输入注释或代码得到的反馈，Copilot 是否能够理解用例的需求，生成的代码是否达到预期，代码达不到预期可能的技术原因，以及使用 Copilot 的操作体验，等等。与此同时，本书也建立了统一的评测指标体系来观测评估每个编程用例的代码生成效果，测评指标包括代码推荐质量、自动生成代码占比、效率提升度、操作体验四个方面，指标体系如表 9.2 所示。各组测试人员根据三级指标设定的标准对每个编程用例进行评分，如果小组成员打分差距在 2 分以内，取三人打分的平均值为最终评分；如果小组成员打分差距

---

① Nguyen N. and Nadi S., *An Empirical Evaluation of GitHub Copilot's Code Suggestions*, IEEE/ACM 19th International Conference on Mining Software Repositories, Pittsburgh, PA, USA, 2022.

② Dakhel, Majdinasab, Nikanjam, Khomh, Desmarais & Jiang, "Github Copilot AI Pair Programmer: Asset or Liability?", *Journal of Systems and Software*, No. 203, Vol. 111734, 2023.

在 2 分以上，三人讨论后进行二次测试，对评分进行验证和校准。

表 9.2　　　　Copilot 使用情况测评指标体系

一级	二级	三级	指标说明
综合效应	代码提升效应	代码有效性	根据工具给出推荐代码的有效性（与预期符合）和质量打分： 推荐与预期匹配，且代码质量好（7—10 分） 推荐与预期基本匹配，但代码质量一般（4—6.9 分） 推荐与预期有些匹配，代码质量一般（2—3.9 分） 推荐与预期很少或不匹配，代码质量一般或较差（0—1.9 分）
		自动生成代码	工具能在所在场景自动生成的代码占全部代码的比例： 能生成 60% 以上（7—10 分） 能生成 40% 以上（5—6.9 分） 能生成 20% 以上（2—4.9 分） 只能生成不到 20%（0—1.9 分）
	效率提升效应	效率提升度	工具能在所在场景提高开发效率的比例： 能提升 40% 以上（7—10 分） 能提升 20% 以上（5—6.9 分） 能提升 10% 以上（2—4.9 分） 提升不到 10%（0—1.9 分）
		操作体验	根据实际操作体验顺畅性程度评分： 操作顺畅，无被干扰感（8—10 分） 体验良好，基本顺畅（6—7.9 分） 操作不顺畅，有语法语义报错、代码内容混乱等问题，体验有待改进（0—5.9 分）

资料来源：笔者整理。

针对不同应用场景，通过计算每种场景所包含的用例评分的算术平均值，得到 9 类应用场景的三级指标评分，二级指标和一级指标以等权重的方式计算加权平均值。早期相关研究主要关注生成式 AI 工具在软件开发应用中的自动生成代码占比（即代码数量），而对代码质量、效率提升、操作体验的关注不足。因此，本书选择了等权重的加权平均计算方式，以求更加全面地反映生成式 AI 工具对软件开发工作的影响。具体计算方式如式（9.1）—式（9.3）所示，最终计算得到的 9 类应用场景的各项指标得分如表 9.3 所示。

$$代码提升效应评分 = 推荐有效性评分 \times 0.5 + 自动生成代码评分 \times 0.5 \qquad (9.1)$$

$$效率提升效应评分 = 开发效率提升度评分 \times 0.5 + 操作体验评分 \times 0.5 \qquad (9.2)$$

$$综合效应评分 = 代码提升效应评分 \times 0.5 + 效率提升效应评分 \times 0.5 \qquad (9.3)$$

本书从应用场景、软件开发任务、软件编程用例三个层面对 Copilot 评分结果进行深入分析和讨论。首先，基于对 A 公司 9 类应用场景的评分结果，对 Copilot 在软件编程实际应用中的整体表现做出判断，并分析 Copilot 在不同应用场景下的影响效果与评分特征；其次，从软件开发任务层面分析 Copilot 在业务型、通用型、技术型场景下的评分差异，分析生成式 AI 工具的局限性和应用场景的异质性；最后，结合 112 个编程用例的评分数据和软件开发人员使用 Copilot 的记录，对生成式 AI 工具在辅助软件开发工作中的制约因素和影响机制展开分析。

表 9.3　　Copilot 在应用场景中的评分结果汇总　　单位：分

编号	应用场景	推荐代码质量评分	自动生成代码评分	效率提升度评分	操作体验评分	代码提升效应	效率提升效应	综合评分
1	云服务	4.46	3.06	1.90	5.20	3.76	3.55	3.65
2	数据智能	2.98	2.83	1.58	2.03	2.90	1.80	2.35
3	企业应用	4.23	3.81	2.44	3.66	4.02	3.13	3.58
4	企业服务	5.15	6.40	5.50	6.45	5.78	5.98	5.88
5	金融应用	4.40	4.00	4.60	5.50	4.20	5.05	4.63
6	智能车	4.70	4.10	3.70	4.20	4.40	3.95	4.18

续表

编号	应用场景	推荐代码质量评分	自动生成代码评分	效率提升度评分	操作体验评分	代码提升效应	效率提升效应	综合评分
7	智能物联网	4.50	4.40	3.10	7.00	4.45	5.05	4.75
8	智能终端	6.00	5.80	4.70	5.20	5.90	4.95	5.43
9	通用工具	5.30	4.90	5.00	5.40	5.10	5.20	5.15

资料来源：笔者整理。

第三节 生成式 AI 技术对软件开发工作的影响与制约因素

一 生成式 AI 技术对软件开发工作的整体影响

本书从代码提升效应、效率提升效应和综合效应三个角度，对 A 公司软件开发人员使用生成式 AI 工具 Copilot 的实际获益情况进行了分析，以此呈现生成式 AI 技术对软件开发工作的影响。代码提升效应主要从代码推荐质量（推荐代码的有效性）和数量（自动生成代码占比）两个方面进行综合评估，考察 Copilot 推动软件开发自动化的能力。效率提升效应从效率提升度和操作体验两个方面进行评估，用于测度 Copilot 对编程人员整体工作效率、工作体验的影响程度，作为除代码提升之外的测评角度。

从代码提升效应来看（如图 9.1 所示），9 项应用场景中智能终端、企业服务和通用工具 3 项场景的评分最高，场景平均分分别为 5.90 分、5.78 分和 5.10 分，整体代码提升效应超过 50%。上述场景主要包含智能终端交互开发、企业通用类服务开发、通用技术和通用数据开发，即可跨行业、跨企业使用的通用设备、软件、技术、数据类开发。相关场景所涉及的代码逻辑通用性强、历史代码积累多且质量高，Copilot 可以直接调用或学习历史代码，由此带来显著的代码提升效应。其余 6 个应用场景（云服务、数据智能、企业应用、金融应用、智能车、智能物联网）的代码提升效应评分均未超过50%，Copilot的使用还未对这些场景的代码编写工作产生较好的提升作用。上述6个场景与企业具体的业务流程、细分行业的业务逻辑等结合紧密，一方面，对AI模型和从业人员的行业知识、经验积累、技能水平等提出了更高要求；另一方面，由于代码可能涉及企业商密，也将限制企业分享其高质量历史代码，阻碍模型训练数据集的构建。

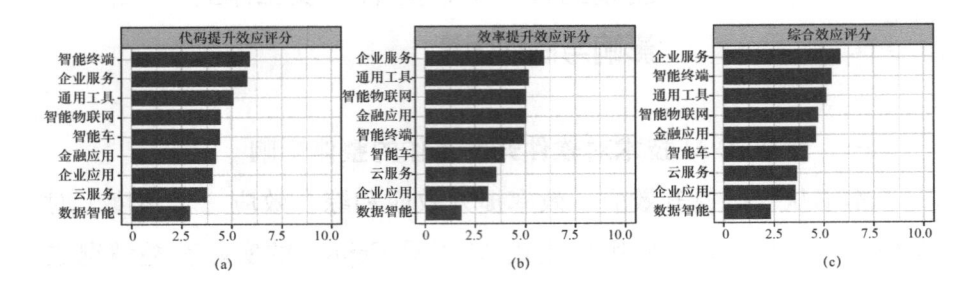

图9.1 Copilot在应用场景中的评分

资料来源：笔者自制。

从代码提升效应所涉及的推荐代码质量和自动生成代码占比来看，现阶段Copilot还无法直接替代代码编写任务，自动生成代码的质量和数量评分都不高。以数量评分（自动生成代码评分）为例，9项应用场景评分分布在2.8—6.4分之间，即Copilot自动生成代码仅占全部代码的比例为20%—40%。这与人类自然语言相关应用场景相比，还存在较大的差距。已有研究表明，在专业写作、电话客服等领域，生成式AI工具已经可以提供完整的、大篇幅的自然语言文本生成，从业人员可以直接使用且改动较少[①]，即基本

[①] Noy & Zhang, *Experimental Evidence on the Productivity Effects of Generative Artificial Intelligence*, Available at SSRN 4375283, 2023.

相当于提供100%的文本自动生成。而在软件编程行业的应用场景下，Copilot只能逐行提供代码片段，无法直接实现完整的代码任务。同时，用于表征代码质量的推荐有效评分结果分布在3.0—6.0分之间，即Copilot自动生成代码质量一般，有效性仅能部分满足预期。

从效率提升效应来看（如图9.1所示），9项应用场景中Copilot效率提升效应评分的分布更为平均，且对场景通用属性的区分度不高。企业服务、通用工具、智能物联网、金融应用4项场景的效率提升效应评分均超过5.0分，Copilot对通用属性较强场景的效率提升效应没有展现出明显优势。这表明历史代码积累、行业知识等因素对Copilot工具在效率提升方面的影响有限。值得注意的是，云服务和数据智能两个场景的代码提升效应和效率提升效应评分均排名最后，且分数远低于其他应用场景。其原因可能在于相关场景所涉及的技术领域较为前沿、对编程人员的技能水平要求较高，现有AI工具还无法实现良好的辅助作用。本书将在后续分析中，对上述场景进行更加深入的分析探讨。

综合效应评分反映了不同应用场景下Copilot在代码自动化和效率提升方面的总体情况，结合表9.3和图9.1，本书发现Copilot综合效应评分展现出了如下特征：（1）Copilot在通用属性较高的应用场景提升效应较高。企业服务、智能终端、通用工具3项场景属于跨行业、跨企业的通用软件开发，其综合效应评分分别为5.88分、5.43分和5.15分，明显优于其他6个应用场景。（2）Copilot在行业属性较高的应用场景中，提升效应有限。智能物联网、金融应用、智能车、企业应用4项场景的行业属性较高，其工作任务包含较多业务逻辑设计、行业知识和机理的个性化编程任务，Copilot综合评分偏低，反映出目前生成式AI工具尚未实现在软件编程领域的行业知识编码化突破。（3）当应用场景涉及云计算、机器学习、数据建模等前沿技术能力时，Copilot 表现最弱。

二 生成式 AI 工具在不同应用场景下的影响异质性

在对生成式 AI 工具应用场景分析的过程中，本书发现应用场景是否具有业务属性、是否涉及前沿技术，对评分的影响很大，因此，本书将 A 公司的 9 项应用场景划分为通用型、业务型、技术型 3 个类别。将企业服务、智能终端、通用工具划分为通用型应用场景，因其不具备明显的行业属性，可以实现跨企业、跨行业的应用范围；将企业应用、金融应用、智能车、智能物联网划分为业务型应用场景；将云服务和数据智能划分为技术型应用场景，因其任务涉及云原生、机器学习等前沿技术，完成难度较大。图 9.2 展示了 3 类应用场景的代码提升效应和效率提升效应用例评分，并对评分进行了线性拟合，整体来看，3 类场景下代码提升效应和效率提升效应都是同向变动的，即代码提升效应越高，效率提升效应就越强。通用型应用场景下 Copilot 的代码提升和效率提升效应高于业务型和技术型，业务型应用场景的评分波动最大，通用型应用场景的评分波动最小。本书对三类应用场景下所涉及的具体任务进行更加深入的分析，以解释 Copilot 在不同类型应用场景下的影响效果

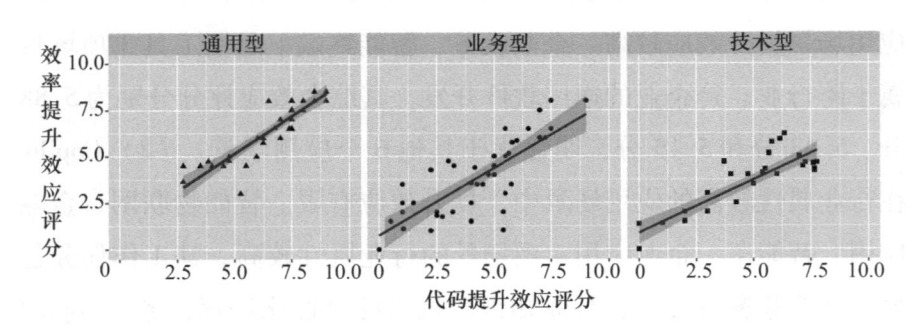

图 9.2 3 类应用场景下 Copilot 的代码提升效应评分和效率提升效应评分

资料来源：笔者自制。

和异质性特征，并尝试分析 Copilot 在实际应用中面临的制约因素，作为后续机制分析的基础。

（一）通用型应用场景

通用型应用场景共包含 5 项任务，图 9.3 展示了各项任务的代码提升效应评分和效率提升效应评分。在通用型应用场景下，各项细分任务之间的评分相对稳定，评分波动明显小于业务型任务。首先，企业服务场景下的"结构维修"任务评分表现出色，代码提升效应评分（7.85 分）和效率提升效应评分（7.45 分）均为全样本范围内得分最高的任务。原因在于该任务主要是对已有代码的查询搜索类用例，如"生成【创建维修单】代码"或"生成【验收】代码"等，一方面可以充分利用已有训练数据和代码库；另一方面该任务类型也非常符合生成式 AI 的对话式工作逻辑，代码搜寻和提取需要软件开发人员与 AI 工具之间进行多轮对话。其次，在通用工具场景下，"通用数据开发"任务评分较高，而"通用技术开发"任务评分较低。本书对两类任务的具体用例进行了对比分析，

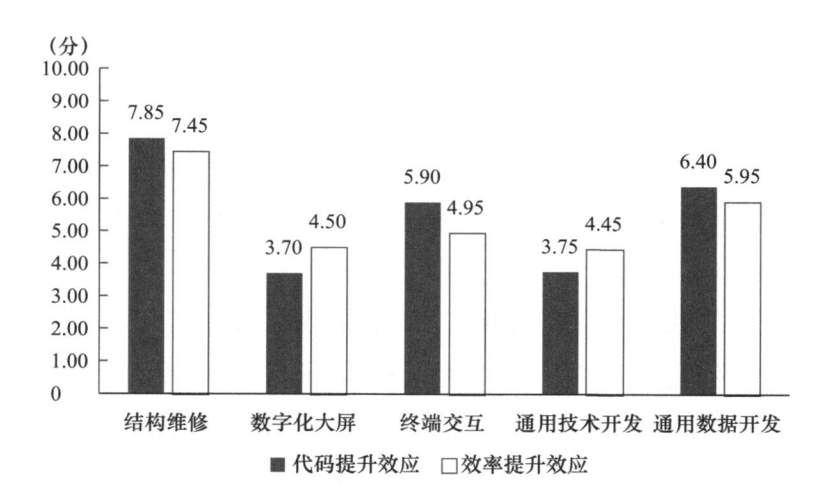

图 9.3　Copilot 在通用型应用场景中的任务评分

资料来源：笔者自制。

发现"通用数据开发"任务主要涉及数据的采集、分析、展示等标准化代码生成，而"通用技术开发"所包含的用户管理、权限管理等用例，涉及模型创建、校验及格式化等非标准化代码编写工作。本书推断，Copilot 在通用型应用场景中评分结果很大程度上取决于训练数据可得性和编程逻辑复杂度。就训练数据而言，当训练代码库较为成熟或代码标准化程度较高时，Copilot 的评分更高；就任务逻辑而言，Copilot 在"查询回复"类逻辑简单的工作任务中评分较高，而在模型创建、校验、格式化等逻辑较为复杂的工作任务中评分较低。

(二) 业务型应用场景

业务型应用场景主要涉及 12 项垂直业务领域的细分任务，从图 9.4 中可以看出，不同任务之间展现出了较大的评分差异。本书选取了评分较低的几项任务，对其相关用例进行了详细分析。首先，Copilot 在涉及专业知识的任务中评分较低。以金融应用场景为例，"金融基础"任务评分明显高于"金融业务"。进一步分析两类任务的具体用例后发现，"金融基础"包含"返回页面和简单数据""用户登录视图""随机数字字符串"等经典代码生成任务，Copilot 可以很好地利用已有训练数据，提供令人满意的代码。而"金融业务"则包含了汇率换算、信用评级、实时汇率获取等金融具体业务实践。尽管只是非常基础的金融业务，但 Copilot 完成相关任务所获得的评分非常低，特别是代码生成类评分只有 1—2 分。反映出生成式 AI 工具在专业知识编程方面，还存在较大短板。其次，Copilot 在涉及机构知识的任务中评分较低。以企业应用场景为例，在具体的任务描述中，本书发现 Copilot 在完成业务型编程任务的过程中，需要理解和掌握企业内部的业务逻辑、合同类别、产品特征、客户需求等较敏感信息，此类机构知识涉及企业的具体业务和商业机密，通常不会作为训练数据提供给第三方的生成式 AI 模型和工具。因此，Copilot 在涉及产品查询、需求分析等方面的任务中表现较差。

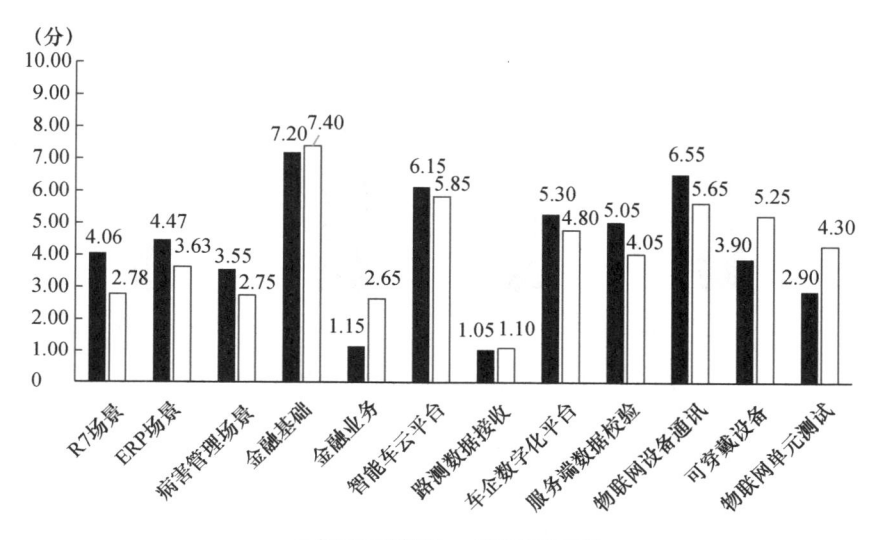

图 9.4 Copilot 在业务型应用场景的任务评分

资料来源：笔者自制。

（三）技术型应用场景

技术型应用场景主要涉及通用云服务、云管服务、大数据和机器学习四项任务，具体评分如图 9.5 所示，其中"云管服务"和"机器学习"的评分最低，甚至在个别用例中出现了 0 分，即 Copilot 完全无法理解指令，没有给出任何推荐代码。其原因可能在于生成云资源相关代码、实现机器学习等数据建模具有较高的逻辑复杂性和技术难度，Copilot 底层的 AI 模型训练和学习还没有覆盖相关技术知识，因此无法生成相应代码。

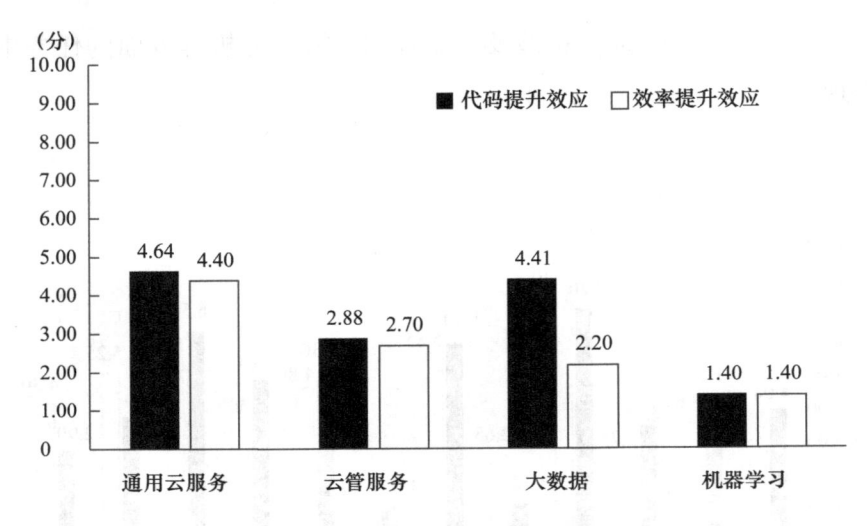

图 9.5 Copilot 在技术型应用场景的任务评分

资料来源：笔者自制。

三 生成式 AI 工具在软件开发应用中的制约因素

基于编程任务层面评分结果的分析，本书认为生成式 AI 工具在不同类型场景下的评分差异主要受到了训练数据、复杂逻辑、隐性知识、交互能力等因素的影响。这些因素也是生成式 AI 工具在软件开发行业实际应用场景中所面临的主要制约和挑战。

第一，现阶段生成式 AI 工具的表现主要受限于训练数据的可获得性。通用型任务所涉及的代码更为标准化，相关训练数据的可得性更高，因此模型在充分利用更高质量数据的基础上，能够在通用型任务中取得较高得分。而业务型和技术型任务涉及企业内部信息或前沿技术，相关训练数据难以获得或尚未形成，导致生成式 AI 工具难以理解任务意图或实现任务目标，因此 Copilot 在相关场景中的评分明显低于通用型应用场景及通用型任务。

第二，生成式 AI 工具在逻辑复杂度较高的任务中评分较低。以 ChatGPT 为代表的大语言模型应用实现了对人类语言和上下文的良好理解和生成能力，在与人类的"问答交互"式场景中表现突出。类似地，Copilot 在"查询回复"类简单逻辑的编程任务中能够取得较高评分，而在模型创建、校验、格式化等逻辑较为复杂的工作任务中评分较低。

第三，生成式 AI 工具对于隐性知识的自动化编程能力有限。Copilot 工具在业务型、技术型应用场景中的得分较低，主要受到了专业知识、机构知识、技术知识的限制，上述知识代表了软件开发行业中，除编程技术能力以外的人类隐性知识。在这些领域，Copilot 还没有展现出较强的自动化编程能力，与人类语言的自动化生成和创造能力相比还存在较大差距。

第四，生成式 AI 工具的最终表现还取决于软件工程师与工具之间的交互能力。生成式 AI 工具在训练数据、复杂逻辑、隐性知识等方面的制约，可以通过软件工程师与 AI 工具之间的问答交互予以补偿。我们在任务和用例评分分析过程中都发现，在软件工程师多轮提示词的样本中，AI 工具能够更好理解编程任务、获得更高评分。

第四节 生成式 AI 技术对软件开发工作的影响机制

基于 A 公司 9 项应用场景的任务评分结果分析，我们发现使用生成式 AI 工具 Copilot 实际效果受到训练数据、复杂逻辑、隐性知识、交互能力等因素的制约和影响。接下来，将使用每项编程任务下的用例评分，分析生成式 AI 工具 Copilot 在软件开发流程各环节所发挥的作用，以及上述因素在各环节如何影响生成式 AI 技术的表现，并对由生成式 AI 技术引发的软件开发工作范式变革做出长期展望。

一　生成式 AI 技术对软件开发工作的影响机制

按照软件开发流程，本书将软件工程师的工作内容大致划分为理解需求、解决问题、生成代码三个环节/阶段，明确 Copilot 在各环节所发挥的作用，识别训练数据、复杂逻辑、隐性知识、人机交互等因素对 Copilot 表现的影响，分析生成式 AI 工具的使用对软件开发工作的具体影响机制，以期更好地理解生成式 AI 技术对专业型工作的影响和长期变革趋势。

（一）生成式 AI 工具理解需求的能力

对用户需求的理解和分析，是软件开发工作的起始环节，编程辅助工具的需求理解能力是其实现编程任务的重要基础。在对 Copilot 进行评分的过程中，要求软件工程师对 Copilot 理解需求的能力和表现做详细记录。由于研究选取的开发用例都是不同业务场景下比较基础、简单的任务，112 个编程用例中有 20 个用例（17.9%）无法理解任务需求。提示词或注释的使用是影响生成式 AI 工具需求理解能力的重要因素，112 个编程用例中有 69 个用例（61.6%）Copilot 能准确理解其业务需求，在软件开发人员反复提示后增加到 92 个用例（82.1%），表明软件开发人员与 Copilot 的交互能力有助于提升生成式 AI 工具表现。

软件开发工程师的记录还显示，尽管简单任务中 Copilot 在需求理解方面有不俗的表现，但其对任务的理解能力与人类的理解能力仍具有很大差距，特别是无法理解任务描述中的一些细节以及较长的任务描述，上述情况在业务型和技术型场景下更为突出。这与任务评分的分析结果一致，在一定程度上体现了复杂逻辑对生成式 AI 工具的限制。现阶段生成式 AI 工具在"查询回复"类简单逻辑编程应用中表现优异，而当编程逻辑复杂度提高，编程需求较长或细节较多时，生成式 AI 工具的表现会受到较大限制。

对用例评分数据分析显示，能否理解需求对最终代码推荐的有效性和编程效率提升有重要影响[①]。如图9.6所示，Copilot在理解需求的情况下（包括经提示理解），代码有效性的平均分约为5.8分，而不理解需求的情况下平均分只有1.7分；Copilot在未经提示就能理解需求的情况下，软件开发人员对编程效率提升的评分也显著高于其他两种情形。

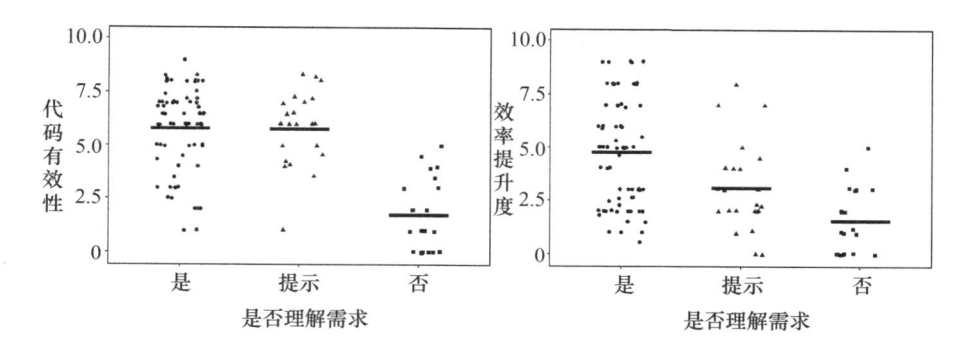

图9.6　Copilot是否能够理解需求对代码有效性与效率提升度的影响

资料来源：笔者自制。

本书对不同应用场景下Copilot理解需求的表现进行了分析，图9.7中圆点代表Copilot不需要提示词就可以直接理解编程需求的用例，星号代表Copilot无法理解编程需求的用例，三角形的点代表Copilot在软件工程师的提示词或注释帮助下，能够理解编程需求的用例。评分分布结果表明：（1）通用型用例基本不需要提示或注释，Copilot就能够理解编程需求，自动生成质量较高的代码；（2）提示对业务型用例的提升作用最大，表现为使用提示的用例更多集聚在业务型类别，且使用提示的业务型用例评分较高；（3）技

[①] 为了更好地展示Copilot需求理解能力的影响，本书直接使用了三级指标中的代码有效性评分和效率提升度评分，而不是加权后的代码提升效应评分和效率提升效应评分。

术型用例受提示的影响较少，用例评分也没有展示出显著的提升。

分场景用例评分结果表明，Copilot 需求理解能力还受到了训练数据的制约。生成式 AI 工具对任务需求的理解能力很大程度上取决于训练数据的可得性，通用型任务相关训练数据的可得性更高，例如在互联网开源社区有大量经验丰富的软件开发人员贡献高质量代码数据，大语言模型在充分利用更高质量数据的基础上，能够在通用型任务中更好地理解需求，取得较高得分。而业务型和技术型应用场景相对封闭，代码可得性低，大语言模型难以通过训练高质量数据提升性能，在理解任务需求上面临较大难度。

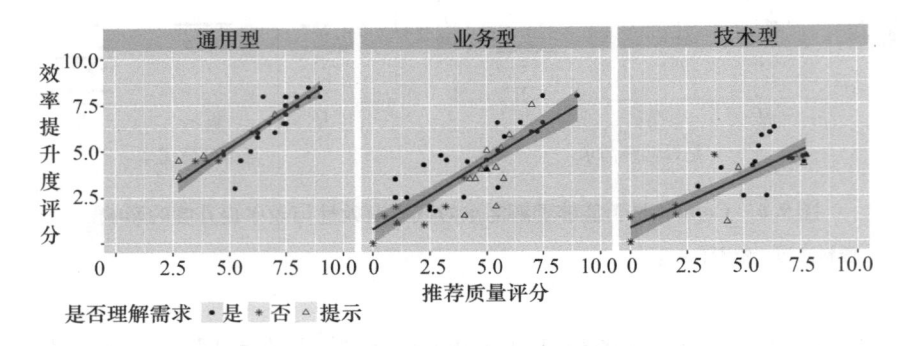

图 9.7　三类应用场景下 Copilot 的代码有效性和效率提升度评分

资料来源：笔者自制。

（二）生成式 AI 工具解决问题的能力

在完成对编程任务的需求理解后，生成式 AI 工具需要通过搜索内部代码库或网络公开资源提供相关的代码片段或提示，协助软件开发人员解决编程问题、实现编程任务目标，生成式 AI 工具的问题解决能力是其核心能力所在。前文针对场景和任务的分析显示，生成式 AI 工具在业务型、技术型场景中的得分较低，表明生成式 AI 工具在解决问题环节可能受到了专业、机构和技术等隐性知识的限制，本书从编程用例层面对此进行了进一步分析和验证。

第一，从是否需要行业知识和机构知识两个角度，分析编程任务的知识依赖度对生成式 AI 工具解决问题能力的影响。我们让参与测试的软件开发人员对每项编程用例是否涉及行业知识和机构知识进行了评估，图 9.8 展示了"是否需要行业知识"对 Copilot 的代码有效性与效率提升度的影响。整体来看，在不需要行业知识的编程用例中，使用 Copilot 的代码有效性和效率提升度平均分都高于需要行业知识的编程用例，并且是否依赖行业知识对代码有效性的影响更大。本书进一步分析了不同应用场景下的情况，由于技术型应用场景较少有编程用例需要行业知识，只对比了通用型和业务型两类应用场景。如图 9.9 所示，是否需要行业知识对业务型应用

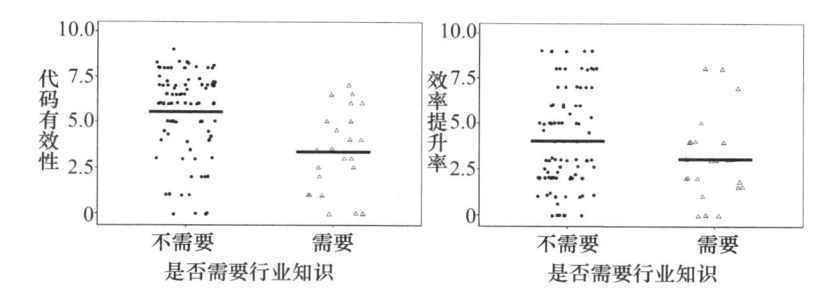

图 9.8　是否需要行业知识对 Copilot 的代码有效性与效率提升度的影响

资料来源：笔者自制。

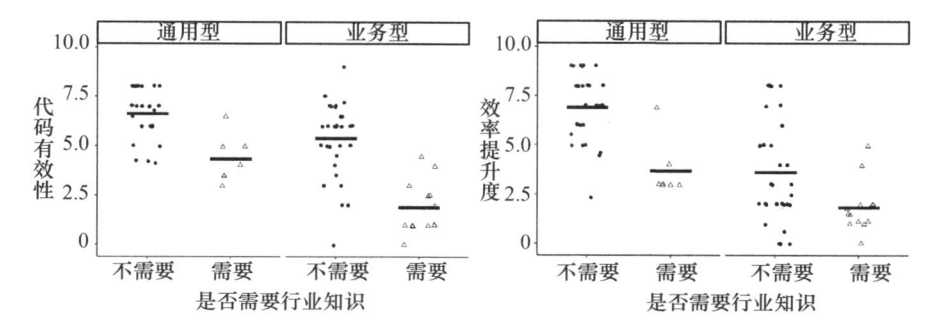

图 9.9　不同应用场景下行业知识对 Copilot 代码有效性和效率提升度的影响

资料来源：笔者自制。

场景的影响明显大于通用型应用场景，业务型应用场景对行业知识的依赖度更高，在需要行业知识的情况下，Copilot 推荐代码的有效性和效率提升度低于不需要行业知识的情况，不过效率提升度受行业知识的影响更小。无论是代码有效性还是效率提升度，业务型应用场景下需要和不需要行业知识两类用例所表现出的差异均大于通用型应用场景。

对机构知识的分析表现出类似的特征趋势，图 9.10 显示，编程任务是否需要机构知识对业务型、技术型应用场景的影响明显大于通用型应用场景，尤其表现在 Copilot 推荐代码的有效性方面。

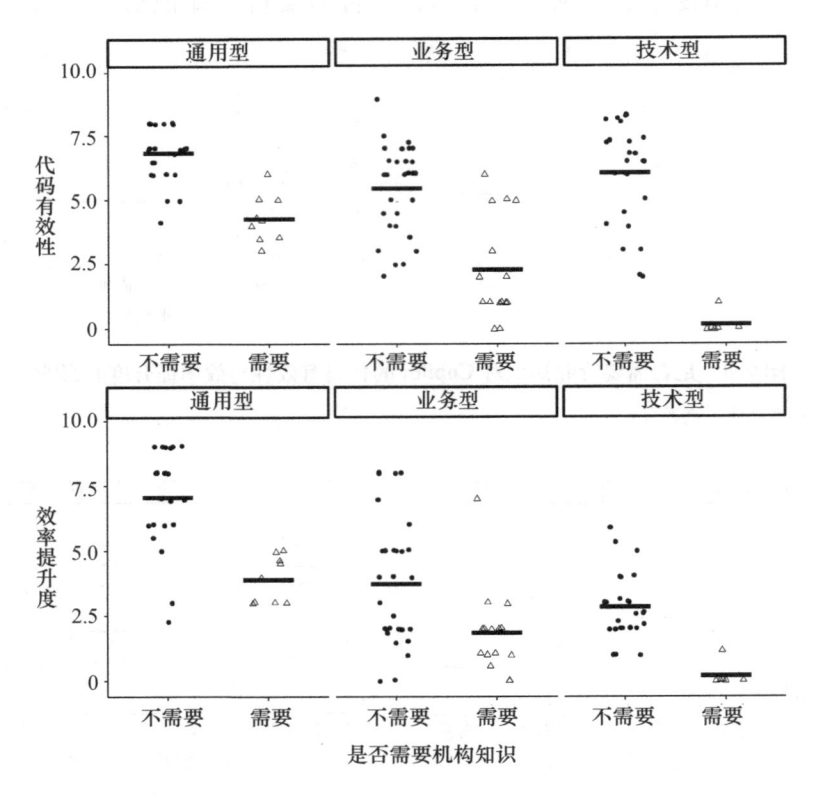

图 9.10　不同应用场景下机构知识对 Copilot 代码有效性和效率提升度的影响

资料来源：笔者自制。

技术型应用场景下，需要和不需要机构知识两类用例的平均分相差 6 分以上，这个差距是通用型应用场景的两倍。是否需要机构知识对 Copilot 带来的效率提升度影响不大，三类应用场景中，反而是对通用型应用场景的效率提升度影响最大。

结合前文关于提示词的分析，从提示词或注释的使用效果很大程度上可以反映出行业知识、机构知识的隐性知识属性。专业知识和机构知识能够通过软件编程人员的提示词或注释，转化为生成式 AI 模型的训练数据，即专业和机构知识相对"显性"，能够通过自然语言传递给 AI 模式，用于提升模型效能。与之相比，云计算、数据建模、机器学习等前沿技术类知识则更为"隐性"，软件工程师很难通过自然语言将其转化为高质量的训练数据，提升模型的理解能力和表现，即使用提示词的技术型用例较少且提升效果不明显。因此，在解决问题环节，软件开发人员的交互能力能够在一定程度上弥补行业和机构类隐性知识对生成式 AI 工具的限制，而技术类隐性知识更难通过提示词或注释形式输入给 AI 工具。

第二，进一步考察了技术复杂度对生成式 AI 工具解决问题能力的影响。本书让参与测试的软件开发人员对每项编程用例是否涉及逻辑问题进行了评估，图 9.11 展示了不同应用场景下是否涉及逻辑问题对 Copilot 代码有效性和效率提升度的影响。从图 9.11 中可以看出，在三类应用场景中，当编程任务涉及逻辑问题时，Copilot 推荐代码的有效性更低，这一趋势在业务型和技术型应用场景下更加显著，且在技术型应用场景下两者的差距最大；编程任务是否涉及复杂逻辑对效率提升度的负面影响在整体层面不显著，但在业务型应用场景下表现出明显的不利影响。

（三）生成式 AI 工具生成代码的能力

为软件开发人员实现全部或部分的代码自动化生成，是 Copilot 等生成式 AI 工具在软件编程领域的主要贡献和目标。本书对软件

156 / 数字时代的就业变革

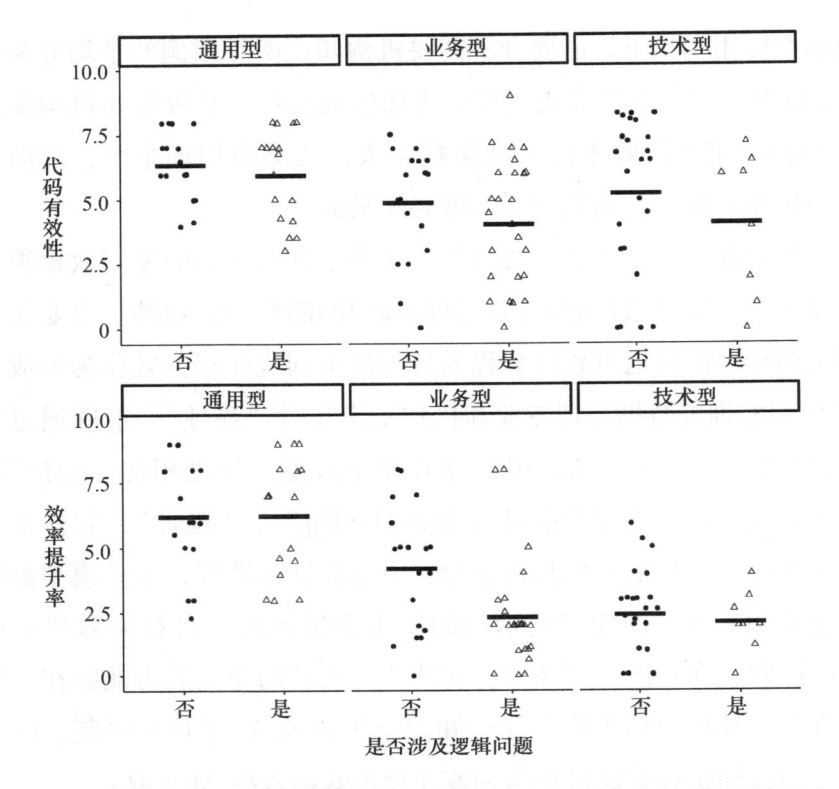

图 9.11　不同应用场景下逻辑问题对 Copilot 代码有效性和效率提升度的影响
资料来源：笔者自制。

开发工程师使用 Copilot 进行自动化编码的记录进行了详细分析，发现 Copilot 与很多软件自动化编程工具的不同之处在于，它与软件开发工程师有更强的交互属性。软件开发工程师通过输入问题让 Copilot 理解其需求，Copilot 给出代码建议，通常是较小的代码片段，软件工程师根据生成的内容给出反馈，修改注释让 Copilot 更好地理解需求完成任务，或者自行修改代码，在完成编程任务的过程中，这一交互过程可能持续数轮。在 Copilot 协助软件开发人员完成编程任务的过程中，可以观察到非常高频的互动，在所有样本中，超过 92% 的用例需要软件开发人员对 Copilot 推荐的代码进行修改，其中超过一半需要进行逻辑补齐，即代码具有明显的逻辑问题（如表9.4所示）。这一特征与其他生成式AI应用场景（客服、写作、广告创意等）存在明显的差异，其原因可能在于编程对正确性、逻辑性要求更高。程序代码作为一种文字表现形式，与专业写作、翻译等内容生成任务相比，具有更高的价值密度，代码中的文字和符号都有特定的意义，多一个词或者符号就可能完全改变代码的逻辑。因此，从外部约束来看，生成式AI技术对专业型工作的替代/赋能能力很大程度上受制于工作任务对正确性的要求，像软件编程这种对正确性要求极高的工作，通过生成式AI技术实现完全自动化面临很大挑战。

表9.4　使用Copilot自动生成代码需人工修改用例的情况

任务类型	用例数量（个）	自动生成代码需修改用例占比（%）	修改用例中需提升逻辑用例占比（%）
通用型	52	96.15	66.00
业务型	27	92.59	40.00
技术型	33	87.88	48.28
总样本	112	92.86	54.81

资料来源：笔者自制。

总结来看，在软件开发领域，Copilot等生成式AI工具所发挥的作用主要体现在理解需求、解决问题、生成代码等阶段的软件编程能力。目前，训练数据、复杂逻辑、隐性知识、人机交互等因素在软件开发工作流程中的各个环节，影响着生成式AI工具在实际应用场景中的表现。具体来说，在理解需求阶段，软件开发人员与Copilot的交互问答有助于提升生成式AI工具的需求理解能力，而复杂逻辑、训练数据缺失则对生成式AI工具的表现形成限制。在解决问题阶段，隐性知识和复杂逻辑是生成式AI工具需要克服的制约因素，软件开发人员通过问答交互能够在一定程度上弥补行业和机构知识的限制，而技术类隐性知识更难通过提示词或注释形式输入给 AI 工具。在生成代码阶段，生成式 AI 工具与软件开发人员之间具有更强的交互属性，绝大多数的代码生成过程需要人工参与，以满足编程应用场景下对正确性、逻辑性的高要求（编写的代码有一点逻辑错误就会影响编译和运行）。因此，中短期内，在软件开发领域引入生成式 AI 工具可以重点从上述因素入手，提升生成式 AI 工具的技术能力和配套条件。

二　生成式 AI 技术对软件开发工作范式的影响

尽管生成式 AI 工具 Copilot 在辅助编程方面的实际效果还有很大的提升空间，但是给软件开发的工作范式带来了一些新变化，这种变化有可能重塑 AI 工具与软件工程师之间的辅助关系。在以往自动化工具不断迭代的过程中，软件工程师都处于主导地位，自动化的目标是将开发人员的注意力转移到计算机不擅长的概念任务上，并在计算机可以提供辅助的那些任务中减少开发人员的错误。然而，生成式 AI 技术似乎带来了更大的不确定性。与传统的软件自动化工具有所不同，基于生成式 AI 技术的工具带来的效率提升是基于"双向互动"的，在一些场景里，软件工程师向工具提出需求（问题），工具给出解决方案——生成所需要的代码或部分代码；在另一些场景里，工具给出的方案并不能直接解决问题，但是能够提供启发式的建议，打开软件工程师的思路，或者通过不断的双向互动找到合适的解决方案。这一过程实际上改变了软件自动化的工作范式，从单向的任务自动化转变为"人机合作"型的效率提升。生成式 AI 工具不只是扮演一个工具的角色，而更加像一个"合作伙伴"，软件开发人员通过对工具的提问和指导，不断提高生成式 AI 工具的能力，并对其提升后的能力进行监督，让其更好地提供辅助作用。

基于这种新的工作方式，生成式 AI 技术在自动生成代码方面表现出比前几代技术更大的潜力，随着生成式 AI 技术的发展和工具能力的提升，软件工程师是否依然能够处于主导地位值得商榷。短期来看，生成式 AI 技术对软件开发范式的影响正在带来两方面的变革。一方面，在软件工程经历的多次范式变化中，软件开发人员始终依赖高级编程语言生成代码，而此次人工智能技术突破能够支持从问题的自然语言描述中自动合成代码，这将极大地提高软件开发人员的生产力，并可能大大降低软件编程的门槛；另一方面，生成式 AI 技术将加速软件开发职业内部的任务再分配，软件开发人员与生成式 AI 工具的"结对"编程将更加普遍，软件开发工作流程中会有越来越多依赖非常规认知能力的任务被生成式 AI 工具替代，为了使自己保持竞争优势，软件开发人员需要不断提高其专业技能，或者致力于提高不容易被技术替代的非常规认知能力。

三　生成式 AI 技术对专业型工作的影响总结

生成式人工智能技术及相关工具的快速发展正在对劳动力市场产生广泛影响。从工作类型和任务来看，生成式 AI 技术的影响范围已经从重复型、程式化的工作扩大到知识型、专业型工作，例如专业写作、翻译、数据分析、广告传媒、软件编程等，同时在一些领域实现了对人类隐性知识和认知能力的自动化。本书选取软件工程行业为研究对象，分析生成式 AI 技术在应用早期阶段对专业型工作的实际影响。本书通过考察一家信息技术服务公司在实际工作场景中使用生成式 AI 工具（Github Copilot）的情况，评估生成式 AI 工具在实际工作场景下解决基本编程和算法问题的能力，并深入分析了生成式 AI 工具在不同应用场景下对软件开发工作的辅助效果、局限性及其背后的原因。研究显示，在技术应用的早期阶段，生成式 AI 技术对软件开发工作的影响主要表现出以下特征和趋势。

第一，现阶段生成式 AI 工具对软件开发工作的冲击有限，自动生成代码质量难以达到预期，对软件工程师的影响以效率提升为主，岗位替代风险较低。以 Copilot 为代表的生成式 AI 工具对于训练数据和历史代码的依赖较强，且尚未实现高质量、完整代码的自动化生成能力。因此，对于基于经典代码的查询回复类任务更加符合现阶段生成式 AI 技术的能力，可以实现较好的提升效应。涉及企业业务流程、行业逻辑、专业知识的原始代码通常属于高价值资产，企业出于保护商业机密的考虑，不会将其作为模型训练数据对外分享。由于缺少相关场景和业务逻辑的训练，生成式 AI 工具目前很难完成业务逻辑复杂或包含专业知识类的编程任务。

第二，生成式 AI 工具对通用型应用场景的编程任务提升效果显著，对业务型和技术型应用场景的影响有限。生成式 AI 工具 Copilot 在不同类型应用场景下的得分差异主要受到以下因素的影响：（1）通用型任务所涉及的代码更为标准化，相关训练数据的可得性更高，因此模型在充分利用更高质量数据的基础上，能够在通用型任务中取得较高的分数。（2）Copilot 工具在业务型、技术型场景中的得分较低，主要受到了专业知识、机构知识、技术知识的限制，上述知识尚未形成训练数据，导致生成式 AI 工具难以理解任务意图。

第三，现阶段使用生成式 AI 工具辅助软件开发仍面临训练数据、复杂逻辑、隐性知识、人机交互等制约因素，影响着生成式 AI 工具在软件开发工作场景中的表现。具体而言，在理解需求阶段，软件开发人员与 Copilot 的交互问答有助于提升生成式 AI 工具的需求理解能力，而复杂逻辑、训练数据缺失则对生成式 AI 工具的表现形成限制。在解决问题阶段，隐性知识和复杂逻辑是生成式 AI 工具需要克服的制约因素，软件开发人员通过问答交互能够在一定程度上弥补行业和机构知识的限制，而技术类隐性知识更难通过提示词或注释形式输入给 AI 工具。在生成代码阶段，生成式 AI 工具与软件工程师之间具有更强的交互属性，绝大多数的代码生成过程需要人工参与，以满足编程应用场景下对正确性、逻辑性的高要求。

第四，生成式 AI 工具给软件开发行业的工作范式带来较大冲击，软件工程师与人工智能工具之间的关系、软件开发工作岗位的技能需求很有可能发生较大变化。与传统的软件自动化工具有所不同，生成式 AI 工具使软件开发从单向的任务自动化转变为"人机合作"模式的效率提升。在 A 公司软件开发工作的多个实际用例中，Copilot 都展现出了较强的学习能力，以及区别于传统 AI 的技术潜力。Copilot 能够理解并学习上下文编程逻辑，并将其作为训练数据，快速提升模型表现；在部分用例中，Copilot 能够通过与从业人员的多轮"提示词"对话，逐渐理解任务意图，提高推荐代码有效性。这一变化有可能重塑 AI 工具与软件工程师之间的辅助关系，软件开发工作中更多的任务将被生成式 AI 工具取代，推动软件开发职业内部的任务再分配。

第 十 章

劳动力市场的未来和展望

第一节 劳动力市场的未来和面临的挑战

新一轮科技革命和产业变革、公共卫生危机、经济和地缘政治的动荡，以及日益增长的社会和环境压力，这些加速的转型和变化给全球劳动力市场带来了巨大的不确定性。尽管越来越多的经济体已经开始从新冠疫情及其相关的封锁中复苏，但低收入和中低收入国家继续面临失业率上升的问题。例如，南非的正式失业率已攀升至30%，比大流行前高出5个百分点[1]。许多依赖旅游业和服务业的发展中经济体，劳动力市场的复苏仍然非常缓慢。虽然发达经济体、新兴经济体和欠发达经济体面临不同的经济社会挑战，但是在劳动力市场前景上表现出一些共同的变革趋势，包括非正规就业规模的扩大、数字技术对就业的替代风险增强、劳动力技能难以满足市场需求，以及收入差距扩大和不平等的加剧，等等。这些趋势将不断重塑劳动力市场动态和技能需求，并给科技创新、经济和就业相关政策带来新的挑战和要求。本书前面的章节详细讨论了近年来劳动力市场发生的重要变革和趋势，以及这些变革带来的影响及其

---

[1] World Economic Forum（WEF），"Future of Jobs Report 2023"，https：//www3.weforum.org/docs/WEF_Future_of_Jobs_2023.pdf.

背后的机制。本章将系统地总结和探讨未来劳动力市场面临的主要问题，并尝试从政策的角度提出一些解决方案。

一 劳动力市场的不稳定性日益突出

当前，千禧一代与上一代人相比面临截然不同的劳动力市场。以美国为例，制造业曾经为上一代人提供了很多在中产阶层收入范围内的就业岗位。一个人可以花四年的时间来获得学士学位，并充满信心地找到一份稳定的、报酬可观的正式工作。随着制造业转移到其他劳动力成本更低的国家，美国经历了向服务经济的巨大转变，伴随而来的是就业的激烈变化，收入良好的制造业就业工作被更多收入更低、福利更低的服务业工作所取代。在美国劳工统计局列出的增长最快的30个职业中，只有12个符合中等收入定义的薪酬范围，且这些新增职业反映出职业的技术性导向和混合型职业发展的趋势，且对劳动者的数字技能、创新能力以及复合技能提出了更高的要求[①]。与此同时，大学教育的投资回报也在降低，大学毕业生薪资停滞不前。与高中毕业生相比，受过大学教育的专业人士的工资溢价依然很高，但日常劳动价值明显降低，这意味着他们的工资增长速度不再像以前那么快。许多受过大学教育的劳动者不得不从事更低职位要求的工作，这给受教育程度较低的人带来更大的下行压力，进一步压低底层的工资。

新冠疫情之后，中国的劳动力市场也呈现类似的趋势。经济增速放缓和地缘政治危机给就业市场带来持续的负面影响，随着大学和研究生毕业人数不断创下新高，新进入劳动力市场的高学历人群面临激烈竞争，很多人转向从事低职位要求的工作，给整体就业带

---

① ［英］罗伯特·斯基德尔斯基、［英］娜恩·克雷格主编：《工作的未来：人工智能与就业替代》，张林、张思齐译，中国金融出版社2021年版。

来很大的下行压力。数字经济的快速发展虽然给经济注入了新的活力，但对就业的影响却不完全是正面的。大量被传统行业挤出的劳动者涌入新就业形态（也常被称为"零工经济"），这一趋势推动了非正规就业规模的快速扩大。根据美团平台的数据，2021年有527万名外卖送餐员在该平台获得收入，比起疫情前的2019年增长了32%[①]。中国交通运输部的数据显示，2023年网约车司机注册量超过650万人，是2019年的3倍，如果考虑未注册的司机则增幅更大[②]。

以零工经济、新就业形态为代表的灵活就业模式已经成为全球劳动力市场的一个重要趋势，这对传统就业的运行方式带来重要影响。未来，传统的全职雇佣模式可能会进一步减少，更多的人将选择自由职业、兼职或远程工作。不过，这种灵活性虽然为个人提供了更多的工作选择和自主权，但也极大地增加了就业的不稳定性和不确定性。在当前的劳动力市场上，极端的灵活性、将风险转嫁给工人和收入不稳定早已成为一部分劳动力的现实。如何应对劳动力市场日益增长的不稳定性，已经成为政策制定者面临的重大挑战之一。

二 劳动力技能难以跟上技术变革的步伐

技术驱动的自动化是未来劳动力市场的一个重要趋势。随着人工智能、机器学习和自动化技术的不断发展，许多重复性和低技能的工作将被机器取代。例如，自动化生产线和机器人将在制造业中扮演更重要的角色，而客户服务和数据处理等工作也将被人工智能算法和自动化软件代替。生成式人工智能的发展将不断扩大受影响

[①] 数据来自美团发布的《2019年度企业社会责任报告》和2021年的财务报表。
[②] 数据来自中国交通运输部不定期发布的网约车行业运行基本情况，参见 https://www.mot.gov.cn/fenxigongbao/yunlifenxi/202308/t20230822_3896019.html。

职业的范围，受传统自动化影响较小的知识型、专业型工作也将面临更大的替代风险，即使短期内大部分工作仍然是安全的，但是一场巨大的变革已经在路上。技术驱动的这场变革将导致劳动力市场的结构性变化，工作环境中技术和创新能力正变得越来越重要。

随着技术的快速发展，劳动力市场对新技能的需求也在不断变化。未来的工作将更加依赖于数字技术、数据分析、人工智能等领域的专业知识。例如，大数据分析师、人工智能工程师和网络安全专家等职业已经成为热门的就业选择。数字技术在传统行业的渗透也对劳动者技能提出更高的要求，除了传统行业需要的工作经验，劳动者还需要建立起技术思维，并提升数字技能，努力成为跨行业、跨领域的复合型人才。因此，终身学习和不断更新技能将成为劳动力市场的重要趋势。个人需要不断学习和适应新技术，以保持竞争力和就业机会。

然而正如本书第四章所分析的，当前在许多国家，劳动力技能的发展跟不上技术变革的速度，这将加剧国家之间和国家不同部门之间劳动者的技能鸿沟。技能鸿沟问题意味着劳动力市场对某些特定技能的需求超过供应。这将导致一些人失业或就业机会有限，同时也会给企业带来招聘和培训的挑战。劳动者的转型和适应能力也变得很重要，劳动力市场的变化需要人们具备适应新技术和工作方式的能力。对于那些缺乏适应能力的人来说，转型可能会很困难，他们可能面临失业和社会排斥的风险。事实上，现阶段劳动者获得技能提升的机会非常有限，各个年龄段的劳动者都对培训机会表示不满。一项调查研究显示[①]，超过一半的受访员工正在接受工作以外的培训，因为公司的培训内容不能教会他们相关技能，不能促进

---

① World Economic Forum（WEF），"Future of Jobs Report 2023"，https：//www3.weforum.org/docs/WEF_Future_of_Jobs_2023.pdf.

他们的职业发展，也不能帮助他们在劳动力市场上保持竞争力。许多劳动者认为公司通常将过多的注意力集中在管理人员的发展、技能和奖励上，而不是有效地投资和培养普通员工的技能。

三 收入差距扩大和不平等危机

数字技术变革与劳动力、金融、产品市场的变革相互影响，全球范围内收入和财富不平等问题似乎变得更加突出。尽管经济学理论认为技术对就业的影响既存在替代效应，也存在补偿效应，但可能只有少数人能够在与智能技术的赛跑中获胜，而大部分的人将被甩在后面。即使当前并未出现大规模的技术性失业，但在很多国家我们已经看到一些令人担忧的现象，经济增长缓慢，就业不稳定性增强，工资不断下降，反全球化的抗议愈演愈烈，技术对就业的负面影响在其中扮演着重要角色。一方面，对于拥有数字技术的人以及从事那些难以被自动化替代的工作的人来说，需求将会增加，收入也会相应提高。而对于大部分维持传统工作技能的人和工作容易被自动化替代的人来说，他们的就业情况可能会不断恶化，从而造成收入不平等的加剧。另一方面，数字技术，特别是人工智能的发展，催生了大量围绕数据收集、标注和清洗的基础工作需求，这些工作的技能要求不高，待遇较低，类似于传统工厂的装配线工作，且多数是兼职工作。这样的就业生态可能促使越来越多的企业去雇佣兼职劳动者，而不是提供稳定的工作，长久以往也将会加剧就业和收入的不平等。

数字技术高速发展背景下，劳动收入在 GDP 增加值中所占的份额正在不断下降，自动化替代趋势导致劳动力市场日益两极分化，助推了收入差距的扩大。一方面，数字技术的发展推动资本回报率提高，导致收入从劳动力向资本转移。过去 30 年 OECD 国家（尤其是美国）的劳动力占 GDP 份额的下降主要源于知识资本收入份额的增加，而不是实物资本。另一方面，数字技术的发展加速自动化和机器替代，导致中等技能工作的人数减少和收入降低，技能差异带来的收入差距扩大问题日益凸显，数据显示当前互联网行业的平均工资大约是制造业平均工资的 4 倍。与此同时，数字技术传播不均导致公司差距增大和市场集中度提高，我们看到资本收益的分配变得越来越不平等，进一步推动了收入差距的扩大。前沿的数字技术创新主要被少数大公司所掌握，头部公司生产率增长非常明显，但规模较小的企业生产率变化不大，公司之间的生产力不平等问题加剧。数字技术带来的规模经济效应也提高了市场进入壁垒，各个部门的市场集中度提高、利润率提高，表现出"赢者通吃"的市场特性和竞争的减弱。头部公司市场力量的增强极易形成垄断，由于资本的所有权集中在收入最高的群体中，资本的收益分配越来越不平等。市场集中度的提高不仅增强了产品市场的垄断权，也极大地影响了劳动力市场的工资和工人的议价能力，最低工资和劳动保障体系极易受到侵蚀。

　　劳动力市场反映出的上述趋势要求政府和相关部门采取措施。一方面，需要提供更多的机会和资源给那些处于劣势地位的人群，以确保社会的包容性和公平性；另一方面，还应当进一步完善消费者权益保护、劳动权益保护和社会保障，推动数字技术发展成果惠及所有人，并促进劳动力市场的健康发展。

第二节　关于完善人才培养和就业保障的政策建议

一　为前沿技术冲击做好准备

　　生成式 AI 技术引领的新一波自动化浪潮给劳动力市场带来了新的影响和变革，通过前文的分析，我们看到即使是像软件开发这样依赖高水平认知能力的专业型工作，也受到了较大的冲击。不过，短期内这种冲击尚未显露出消极的倾向，新技术的发展仍主要致力于为软件开发工作提供辅助和赋能作用，未来的经济社会影响将在很大程度上取决于如何管理技术的扩散。生成式 AI 技术对劳动力市场的影响为我们了解前沿技术的就业冲击带来了启发，在本书的最后，我们希望从生成式 AI 技术的角度出发，探讨如何应对更多的未知技术带来的冲击。

鉴于全球范围内软件开发人员实际上仍处于供不应求的状态，我们认为短期内生成式 AI 技术将成为解决软件开发人才需求不足的重要手段，其商业化应用也将快速发展。因此，当前应该关注的是如何提升生成式 AI 技术在软件工程领域的性能和表现，以及更好地建立从业人员与人工智能技术进步之间的良性关系。首先，从生成式 AI 技术本身来看，从通用型到业务型、技术型应用场景的辅助编程效果还有很大的提升空间，未来一方面需要加强相关场景的训练数据覆盖和模型能力的提升，另一方面也应当完善生成式 AI 技术的开源系统建设，进一步推动生成式 AI 软件创新。其次，现阶段生成式 AI 技术的替代倾向主要表现在对工作任务而不是人，因此提高软件开发人员和工具"结对编程"的有效性将是短期内的重要趋势。例如，生成式 AI 技术在完全理解工作任务需求方面仍存在较大障碍，这是软件开发人员可以弥补的地方，同时软件开发人员还需要对工具提供的解决方案进行检测和评估，修改其错误或非最优方案。最后，软件开发人员需要对技能发展做出长远的规划，从而在人工智能技术进步中保持竞争力。随着生成式 AI 技术在软件工程领域被更广泛地采用，软件开发工作所需的任务类型也将发生变化，留给软件开发人员的往往是更高阶的工作，软件编程人员应当提早规划转型，一是学会如何与工具更密切地配合，二是如何在生成式 AI 技术能力之外的工作任务重提升自己的竞争力，例如软件开发的框架设计和决策等。

我们分析了生成式 AI 技术在赋能软件开发工作过程中面临的局限性和制约因素，这些因素更多是来自技术角度的分析，实际应用过程中还有更多来自环境的约束，例如基础设施是否能够支持技术的采用、劳动力与技术的相对成本、数字技能水平、市场动态和人们对技术创新的态度，等等。这些约束将影响生成式 AI 技术在不同行业、不同领域的扩散速度和方式，并对专业型工作产生不同的影响，职业分布中的一些岗位可能面临更大的替代风险，另一些岗位则面临更大的赋能作用。因此，政策应该同时兼顾两种发展趋势可能带来的影响，一方面提早应对生成式 AI 技术带来的就业替代风险，另一方面也应当重视生成式 AI 技术在发挥赋能作用时的持续性和公平性，确保就业增强效应下工作质量的提高。

具体来看，本书提出以下几点建议。一是加强对人工智能技术的发展规划和管理，引导人工智能技术向劳动力辅助或增强方向发展，避免发生大规模的技术性失业。应加强对人工智能技术发展方向的监督管理，使其成为提升劳动生产率的有力工具，培育人机协同的工作模式。二是加快教育和人才培养模式改革，推动传统的标准化、输入式教育以及批量培养的人才发展模式转向"智慧教育"，更加关注个体成长，重视个体创新思维和数字技能的培养，从教育内容和模式、考核标准、人才选拔和评价体系方面进行系统性改革，提升人才对未来技术、产业和社会发展的适应能力。

二 加强数字人才和数字技能培养

劳动力市场普遍存在的技能错配和技能短缺问题给当前的教育和人才培养模式带来很大挑战，亟须引起社会各界的重视，特别是教育部门、人社部门以及教育培训相关行业，应当积极应对当前产生的问题，探索有效的人才供给侧结构性改革路径，规划落实数字时代教育和人才培养的国家计划。本书结合当前劳动力市场面临的变革和挑战，对未来教育和工作培训的改进提出一些意见和建议。

第一，教育体系需要跟上技术变革的步伐。首先，人才培养的目标应当从培养"知识型"人才转向"思想型"人才。在过去的初等教育到高等教育阶段，学校教育主要重视知识的培养，这种培养模式已经不能适应人工智能时代的要求。随着人工智能的发展，创新能力才是人才的核心竞争力。教育机构应及时调整课程设置，引入与技术变革相关的学科和课程。例如，应加强计算机科学、数据科学、人工智能等领域的教育，培养学生的技术能力和创新思维。在高等教育阶段，尤其需要全面培养学生的批判性思维和独立分析能力，以及跨学科能力，使他们能够在不同领域中灵活运用数字技术。

第二，制定面向全民的数字素养提升计划，提高人们对技术变革的适应能力。数字素养是劳动者应对技术变革、实现自我提升的基础。当前，无论是官方统计还是社会调查方面，都缺乏针对劳动者数字素养水平和需求的跟踪。因此，在制定面向全面的数字素养计划之前，首先，应当在当前的劳动就业统计体系下增加对数字素养和数字技能的关注，以便通过定期调研和数据分析，了解人们在数字技术方面的知识、技能和意识水平，以及他们对技术变革的需求和期望。其次，基于需求和目标，将数字素养教育纳入各个阶段的教育规划，更早建立起对数字社会发展和数字技能重要性的认识。数字素养教育应该兼顾不同人群的需求。例如，可以提供基础的数字技术培训，如电脑操作、网络使用和常用软件的使用等；还可以提供更高级的培训，如数据分析、编程和人工智能等。同时，还应该包括关于数字隐私、网络安全和信息素养等方面的培训。此外，还应当加强师资队伍的培养和发展。教师是数字人才和技能培养的关键，只有教师具备与技术变革相适应的知识和能力，才能够更好地引导学生学习和应用数字技术。

第三，重视数字技能培养，为劳动者提供更加便捷的技能提升渠道。促进高等教育机构、职业教育机构和企业的合作，让企业（特别是互联网平台企业）更好地参与数字技能的培养。对于高等教育来说，应当承担起培养面向未来的高级数字技能人才的责任。现在绝大多数高等教育和职业教育机构都设置了计算机科学、软件工程类专业，但过去的培养方式更多是闭门造车，只在学校里教授相关知识和编程技能，应用性不强，学生很难接触到最前沿的技术和算法。当前在大数据、人工智能等前沿技术方面，业界的实践走在学界前面，高等教育和职业教育机构应该加强和业界的合作，通过建立长期合作和实践实习等方式，让学生在学校期间就能接触到最前沿的技术。对于职业教育来说，应当为中低技能劳动力提供数字技能培训和实践的便捷渠道。近年来，电商运营、直播、短视频剪辑等行业涌现大量劳动力需求，很多人希望获得工作所需的数字技能，这正是职业教育需要完善补充的地方。与高等院校类似，职业教育机构也需要加强"融合型"人才的培养，深化与业界的合作，这也是未来职业学院和大专类院校需要改革和努力的方向。

三 完善劳动者权益保护和社会保障体系

随着人工智能、自动化和数字化技术的快速发展，劳动力市场正在经历巨大的变革。这些变革给劳动者带来了新的机遇和挑战，同时也对社会保障和福利体系发展提出了新的要求。工业体系下建立的劳动权益保护和社会保障体系主要面向正规就业部门，而数字技术的发展强化了非正规就业的发展趋势，因此完善劳动权益保护和社会保障体系变得尤为重要。为了更好地适应劳动力市场的变革，劳动权益保护和社会保障体系应当从以下方面着力完善。

第一，政府和立法部门应当制定和完善相关的法律法规，加强对非正规就业群体的劳动权益保护。一方面，应加强对非正规就业（尤其是新就业形态）劳动者基本权益的保护，包括工资支付、工时限制、休假权利、工作环境安全等，针对当前数字平台突出的"算法控制"问题应当予以研究和限制，完善相应的法律法规，确保这些劳动者享有与正规就业相同的权益和保障。另一方面，还应建立和完善劳动权益保护的监督机制。工会组织等相关政府机构应加强对企业和雇主的监督，确保他们遵守劳动法规和规定。此外，建立独立的仲裁机构和劳动争议解决机制，为新就业形态劳动者提供公正和有效的救济途径。

第二，完善社会保障体系建设，加强对技术性失业群体、青年就业群体等弱势群体的支持。在技术变革、国际局势和经济增速放缓等多方面因素的影响下，弱势群体面临更大的就业下行压力，加强对相关就业群体的社会保障支持至关重要。一方面，政府应加大对社会保障的投入，不断健全社会保险制度，提高社会保险覆盖率，确保劳动者在面临短期失业的情况下能够获得适当的保障和福利。另一方面，加强弱势群体就业创业支持。加大新兴产业、新兴职业领域的劳动保障监察执法、劳动人事争议调解仲裁诉讼、安全生产监管监察工作力度，为弱势群体就业提供权益保障。研究制定符合弱势群体创新创业的支持政策，提供政策咨询、融资服务、公益中介等服务。还可以加强各方面宏观政策支持就业的导向，实现与就业政策的协同联动。

第三，完善社会治理体系，健全共建共治共享的社会治理制度，促进基本公共服务和社会保障均等化。近年来，从国家到地方都在积极探索精细化治理的模式和经验，未来应当将促进基本公共服务和社会保障均等化作为精细化治理的一项重要目标，推动治理的重心和配套资源向基层下沉，推进服务供给精细化，找准服务的切入点和着力点，办好民生实事，为人民创造宜业、宜居、宜乐、宜游的良好社会发展环境,让人民有更多获得感。与此同时,借助数字技术和数字平台,构建政府主导与市场调节有机结合的精细化治理模式,不断提升国家治理效能及公共服务和社会保障水平。

主要参考文献

中文文献

曾湘泉主编:《中国就业战略报告 2015——金融危机以来的中国就业季度分析》,中国人民大学出版社 2015 年版。

蔡跃洲、牛新星:《中国数字经济增加值规模测算及结构分析》,《中国社会科学》2021 年第 11 期。

陈煜波、马晔风:《数字人才——中国经济数字化转型的核心驱动力》,《清华管理评论》2018 年第 Z1 期。

耿林、毛宇飞:《中国就业景气指数的构建、预测及就业形势判断——基于网络招聘大数据的研究》,《中国人民大学学报》2017 年第 6 期。

郭海、韩佳平:《数字化情境下开放式创新对新创企业成长的影响:商业模式创新的中介作用》,《管理评论》2019 年第 6 期。

何小钢、刘叩明:《机器人、工作任务与就业极化效应——来自中国工业企业的证据》,《数量经济技术经济研究》2023 年第 4 期。

国务院发展研究中心"国际经济格局变化和中国战略选择"课题组、李伟、隆国强、张琦、赵晋平、赵福军:《未来 15 年国际经济格局变化和中国战略选择》,《管理世界》2018 年第 12 期。

刘骏、刘涛雄、谢康:《机器人可以缓解老龄化带来的中国劳动力短缺问题吗》，《财贸经济》2021年第8期。

孟续铎、吴迪：《平台灵活就业新形态的劳动保障研究》，《中国劳动关系学院学报》2021年第6期。

王娟：《高质量发展背景下的新就业形态：内涵、影响及发展对策》，《学术交流》2019年第3期。

王晓娟、朱喜安、王颖：《工业机器人应用对制造业就业的影响效应研究》，《数量经济技术经济研究》2022年第4期。

王永洁：《国际视野中的非标准就业与中国背景下的解读——兼论中国非标准就业的规模与特征》，《劳动经济研究》2018年第6期。

王永钦、董雯：《机器人的兴起如何影响中国劳动力市场？——来自制造业上市公司的证据》，《经济研究》2020年第10期。

闫雪凌、朱博楷、马超：《工业机器人使用与制造业就业：来自中国的证据》，《统计研究》2020年第1期。

张成刚：《就业发展的未来趋势，新就业形态的概念及影响分析》，《中国人力资源开发》2016年第19期。

张成刚：《新就业形态劳动者的劳动权益保障：内容、现状及策略》，《中国劳动关系学院学报》2021年第6期。

郑祁、张书琬、杨伟国：《零工经济中个体就业动机探析——以北京市外卖骑手为例》，《中国劳动关系学院学报》2020年第5期。

工业和信息化部：《2020年通信业统计公报》，http：//www.gov.cn/xinwen/2021-01/26/content_5582523.htm。

凌博威：《考虑司机接单意愿影响因素的网约车订单推荐》，硕士学位论文，大连理工大学，2021年。

英文文献

Acemoglu D. and Restrepo P., "The Race Between Man and Machine：

Implications of Technology for Growth, Factor Shares, and Employment", *American Economic Review*, Vol. 6, No. 108, 2018.

Acemoglu D. and Restrepo P., "The Wrong Kind of AI? Artificial Intelligence and the Future of Labour Demand", *Cambridge Journal of Regions, Economy and Society*, Vol. 1, No. 13, 2020.

Allon G., Cohen M. C. and Sinchaisri W. P., "The Impact of Behavioral and Economic Drivers on Gig Economy Workers", *Manufacturing & Service Operations Management*, Vol. 4, No. 25, 2023.

Autor D., "Polanyi's Paradox and the Shape of Employment Growth", *NBER Working Paper*, No. 20485, 2014.

Autor D. H., Levy F. and Murnane R. J., "The Skill Content of Recent Technological Change: An Empirical Exploration", *The Quarterly Journal of Economics*, Vol. 4, No. 118, 2003.

Babina T., Fedyk A., He A. and Hodson J., "Artificial Intelligence, Firm Growth, and Product Innovation", *Journal of Financial Economics*, No. 151, 2024.

Beblavý, M., Fabo, B., and Lenaerts, K., "Demand for Digital Skills in the US Labour Market: The IT Skills Pyramid", *CEPS Special Report*, No. 154, 2016.

Brynjolfsson E., Li D. and Raymond L. R., "Generative AI at Work", *NBER Working Paper*, No. 31161, 2023.

Bukht R. and Heeks R., "Defining, Conceptualising and Measuring the Digital Economy", *Development Informatics Working Paper*, No. 68, 2017.

Castro D., Mclaughlin M. and Chivot E., "Who is Winning the AI Race: China, the EU or the United States", *Center for Data Innovation*, Vol. 19, 2019.

Chen Y., "Improving Market Performance in the Digital Economy", *China Economic Review*, Vol. 62, No. 101482, 2020.

Dakhel, Majdinasab, Nikanjam, Khomh, Desmarais & Jiang, "Github Copilot AI Pair Programmer: Asset or Liability?", *Journal of Systems and Software*, No. 203, Vol. 111734, 2023.

Eisfeldt A. L., Schubert G. and Zhang M. B., "Generative AI and Firm Values", *NBER Working Paper*, No. 31222, 2023.

Eloundou T., Manning S., Mishkin P. and Rock D., "Gpts are Gpts: An Early Look at the Labor Market Impact Potential of Large Language Models", *arXiv preprint arXiv: 2303.10130*, 2023.

European Commission, *Digital Economy and Society Index (DESI)*, 2020.

Graetz G. and Michaels G., "Robots at Work", *Review of Economics and Statistics*, Vol. 5, No. 100, 2018.

Huws U., Spencer N. H., Syrdal D. S. and Holts K., "Work in the European Gig Economy", *SELL*, Vol. 62, No. 59, 2017.

IDC, "Worldwide Digital Transformation Spending Guide, 2022", https://www.idc.com/getdoc.jsp?containerId=prUS49797222.

International Labour Organization, "The Role of Digital Labour Platforms in Transforming the World of Work", *World Employment and Social Outlook 2021*, 2021.

International Telecommunication Union, *Measuring Digital Development: Facts and Figures 2021*, 2021.

Kabir S., Udo-Imeh D. N., Kou B. and Zhang T., "Who Answers it Better? An In-Depth Analysis of ChatGPT and Stack Overflow Answers to Software Engineering Questions", *arXiv preprint arXiv: 2308.02312*, 2023.

Katz L. F. and Krueger A. B. , "The Rise and Nature of Alternative Work Arrangements in the United States, 1995 – 2015", *ILR Review*, Vol. 2, No. 72, 2019.

Klenert D. , Fernández-Macías E. , Antón J. , "Do Robots really Destroy Jobs? Evidence from Europe", *Economic and Industrial Democracy*, Vol. 1, No. 44, 2023.

Korinek A. , "Language Models and Cognitive Automation for Economic Research", *NBER Working Paper*, No. 30957, 2023.

Li Y. , Choi D. , Chung J. , Kushman N. , Schrittwieser J. , Leblond R. E. M. , Eccles T. , Keeling J. , Gimeno F. , Dal Lago A. and Others, "Competition-Level Code Generation with Alphacode", *Science*, Vol. 6624, No. 378, 2022.

Maji S. K. and Laha A. , "State of Digital Economy in Asia-Pacific Region: Delineating the Role of Digital Skill", *International Journal of Public Administration in the Digital Age (IJPADA)*, Vol. 7, No. 2, 2020.

Motyl B. , Baronio G. , Uberti S. , Speranza D. and Filippi S. , "How will Change the Future Engineers' Skills in the Industry 4.0 Framework? A Questionnaire Survey", *Procedia Manufacturing*, Vol. 11, 2017.

Ozkaya I. , "A Paradigm Shift in Automating Software Engineering Tasks: Bots", *IEEE Software*, Vol. 5, No. 39, 2022.

Oztemel E. , Gursev S. , "Literature Review of Industry 4.0 and Related Technologies", *Journal of Intelligent Manufacturing*, Vol. 31, No. 1, 2020.

Peng S. , Kalliamvakou E. , Cihon P. and Demirer M. , "The Impact of AI on Developer Productivity: Evidence from GitHub Copilot", *arXiv preprint arXiv*: *2302. 06590*, 2023.

Rozzi F., "The Impact of the Gig-Economy on U. S. Labor Markets: Understanding the Role of Non-Employer Firms using Econometric Models and the Example of Uber", *Junior Management Science*, Vol. 3, No. 2, 2018.

Sabadash A., *ICT Employment Statistics in Europe: Measurement Methodology*, European Commission Joint Research Centre Institute for Prospective Technological Studies, 2012.

Stanford J., "The Resurgence of Gig Work: Historical and Theoretical Perspectives", *The Economic and Labour Relations Review*, Vol. 3, No. 28, 2017.

Surameery N. M. S. and Shakor M. Y., "Use ChatGPT to Solve Programming Bugs", *International Journal of Information Technology and Computer Engineering*, Vol. 31, 2023.

Todol I Signes A. A. N., "The 'Gig Economy': Employee, Self-Employed or the Need for a Special Employment Regulation?", *Transfer: European Review of Labour and Research*, Vol. 2, No. 23, 2017.

Tolan S. U. L., Pesole A., Martínez-Plumed F., Fernández-Macías E., Hernández-Orallo J. E. and Gómez E., "Measuring the Occupational Impact of AI: Tasks, Cognitive Abilities and AI Benchmarks", *Journal of Artificial Intelligence Research*, No. 71, 2021.

Ustundag A. and Cevikcan E., *Managing The Digital Transformation*, Swizerland: Springer International Publishing, 2018.

Ustundag A. and Cevikcan E., *Managing The Digital Transformation*, Swizerland: Springer International Publishing, 2018.

Vallas S. and Schor J. B., "What do Platforms do? Understanding the Gig Economy", *Annual Review of Sociology*, Vol. 1, No. 46, 2020.

van Deursen A. J. , Helsper E. J. , & Eynon R. , "Development and Validation of the Internet Skills Scale (ISS)", *Information, Communication & Society*, Vol. 19, No. 6, 2016.

World Bank, "Digital Development Overview (2022)", https://www.worldbank.org/en/topic/digitaldevelopment/overview.

Zarifhonarvar A. , "Economics of ChatGPT: A Labor Market View on the Occupational Impact of Artificial Intelligence", *Journal of Electronic Business & Digital Economics*, Vol. 2, No. 3, 2024.

后 记

本书的写作缘起于五年前的一项国情调研，我所在的研究室前往东南沿海的制造业大省调研机器人就业替代情况。当时，机器人对就业的影响是经济学领域的研究热点，美国麻省理工学院达龙·阿西莫格鲁（Daron Acemoglu）教授、大卫·奥图（David Author）教授等人发表了一系列有影响力的论文，详细地阐述了机器人应用对劳动就业的影响及其理论机制。不同国家的学者围绕机器人对就业的替代作用开展了大量的实证研究，尽管从学术研究角度来看这一结论存在争议，但是机器人技术（以及支撑其向智能化快速发展的人工智能等前沿数字技术）将大规模替代就业的预测在社交媒体上广泛传播，掀起了劳动者对"技术性失业"的恐慌。在实际调研中，我们看到了中国劳动力市场与美国、德国等发达国家的差异，即使是在机器人应用程度最高的东南沿海地区，也没有明显的证据显示机器人应用对就业产生了重大不利影响。相反地，许多企业向我们提到"被动替代"这个词，强调它们加大对机器人的引进不是为了替代劳动力，而是因为无法招募到稳定的工人而做出的被动选择。大约从2015年开始，"招工难"就成为制造业企业面临的重大挑战，即便企业愿意提高工资都招不到人。企业人力部门的管理人员还向我们提到，招不到工人的一个重要原因是适龄劳动力都去"跑滴滴、送外卖"了。

针对制造业企业的调研持续了三年，我逐渐地意识到，一波又一波的数字化浪潮对劳动力市场的影响复杂地交织在一起，从制造业自动化到平台经济的兴起，再到近两年生成式人工智能引发的轰动效应，我们正处在一个人类劳动范式发生根本性重构的历史节点上。就业形态、就业结构、就业需求都在飞速变化，我们工作的方式、内容与评判标准也在被数字化浪潮重新塑造。在这个过程中，新的就业机会在涌现，但新的问题也随之产生。尤其是生成式人工智能的到来，使得就业变革的节奏进一步加快，其影响也更加难以预测。一方面，它在提升生产效率方面表现出令人惊叹的潜力，像历次技术革命一样，这一变革也将创造新的就业机会和岗位；另一方面，它摧毁就业岗位的能力似乎也更加强大，受生成式人工智能影响的就业岗位显著扩大，内容创作者、程序员、文案策划等传统白领岗位也深感到巨大的职业替代和技能贬值危机。本书尝试通过理论与实证相结合的方式，描绘出这场就业剧变初期的轮廓，也试图厘清变化背后的逻辑。

当我完成本书最后一章，并为此撰写后记时，正值我在新加坡进行访学交流之际。彼时，全球正经历新一轮地缘政治冲突与经济重构，美国在全球范围内推动以国家安全为名的贸易限制与科技脱钩，引发了连锁反应，许多国家对全球化的未来产生悲观倾向。技术进步与贸易政策的不确定性交织在一起，令数字时代的就业问题愈发显得复杂而迫切。在新加坡这座高度开放与数字化程度极高的城市国家，我也切身感受到数字变革带来的冲击与挑战。一方面，数字化与人工智能已经深入新加坡经济社会的方方面面，数字化带来的便利度也已达到"出门只需携带一部手机"的程度；另一方面，政府积极推动"终身学习"和"未来技能"等国家战略，帮助劳动者提升技能、进行转岗与再培训，以应对迅速变化的数字技术环境。这一过程中，我深刻认识到，就业的数字化转型不仅是单一国家的课题，更是一个全球性的议题，只有不同国家之间的理解、协作与制度创新，才能共同应对这场深刻的社会重构。

当然，这本书依然存在诸多不完美。数字就业领域的新形态、新数据和新方法更新极为迅速，一些趋势尚未完全显现，而部分问题也仍在演化之中。尽管我力求在结构上严谨、论证上充分，但囿于个人视野与能力，某些论点可能仍显粗浅。对此，我唯有以更加开放的姿态，期待读者的批评与指正。

在这里，我要特别感谢在写作期间给予我巨大帮助的同行专家、数据平台提供方、参与访谈的企业以及参与问卷调查的一线劳动者，是他们的坦诚分享与专业反馈，让本书不只停留在理论和实证分析，能够更加贴近真实的就业现场。同时也感谢我在研究上的合作者与学生，在思路梳理、资料整理、图表绘制等方面给予的耐心协助。我的家人始终给予我极大的理解与支持，不仅全力支持我此次前往新加坡的访学之行，使我得以拥有一段全身心投入写作的宝贵时光，也在许多议题上为我提供了独到的思路与见解，并体谅我在专注写作期间对家庭事务的照顾不周。最后，感谢国家社会科学基金青年项目（24CJY118）对本书研究的资助。

本书是一个阶段性的成果，却不是终点。未来，我将继续关注就业变革的演进，深化对生成式人工智能、数据劳动伦理、平台治理体系等议题的研究，也期待与更多读者、学者、实践者展开深入的交流与合作。

马晔风

2025 年 4 月 5 日

于新加坡